ENTRENAMIENTO PARA IR AL BAÑO EN 3 DÍAS

Todo lo que los Padres Necesitan Saber para Liberar a su Hijo Pequeño del Pañal, Rápidamente y sin Estrés, en 3 Pasos Sencillos a Seguir. Ideal para Niños y Niñas

Magda Jones

TABLA DE CONTENIDO

INTRODUCCIÓN

El entrenamiento para ir al baño puede ser abrumador para los nuevos padres. A veces no sabes cómo proceder. Hay muchos factores que intervienen en el entrenamiento para logar ir el baño, pero es bastante fácil una vez que tu hijo está listo para comenzar la transición de los pañales a un niño ya entrenado para usar el baño.

Puede ser una transición difícil la de usar un pañal a pasar a usar un orinal (vacenilla) y luego al baño. Este proceso implica un buen equilibrio entre la motivación y la comodidad de tu hijo. Queremos que nuestros hijos realicen el viaje fácilmente, sin afectar su alegría, de los pañales al orinal(vacenilla).

Uno de los mayores problemas de la educación para ir al baño es que cada niño la recibe de manera diferente; no funciona del mismo modo para un padre y un hijo. Algunos niños ni siquiera necesitan aprender a ir al baño; empiezan a imitar a los niños mayores o a los adultos sin pensar que lo que hacen es importante. Esto es especialmente cierto para los niños con hermanos mayores. Otros niños necesitan ser mendigados y sobornados, algunos inician a cambiar justo después de una larga espera, y otros lo realizan siempre del mismo modo pero nunca se quejan. Es útil tener en cuenta que debes enseñar a tu hijo a usar el baño o la teta de plastica, enseñándole a comprender los sentimientos del cuerpo.

La edad en la que se puede empezar a ir al baño, como en tantas otras cosas, depende totalmente del crecimiento del niño. En general, el entrenamiento en el orinal (vacenilla) comienza a la edad de un año y se completa en unos tres años, aunque es versátil. En Europa Occidental y América del Norte, el control de esfínteres se remonta al cuarto año de vida del niño, y los pañales siguen siendo comunes entre los niños que antes se pensaba que eran demasiado mayores para usarlos. Parece que el proceso de aprendizaje del uso del orinal (vacenilla) lleva más tiempo que nunca.

Este es un proceso de prueba y error, y la presión entre padre e hijo debe ser lo más baja posible. Cuando intentas *destetar* a tu hijo de los pañales y del orinal (vacenilla), pero esto se convierte en una lucha de voluntades y el intercambio se calienta y se torna infeliz, es cuando debes parar y volver a intentarlo en un mes más o menos. Los padres a menudo informan que cuando los niños están interesados en aprender, entran en el baño y cierran la puerta detrás de él cuando empiezan a entrenar. Esto indicaría el interés del niño por saber qué está pasando en el baño y cómo hacerlo por sí mismo.

En el mercado existen varios productos para el entrenamiento en el uso del orinal (vacenilla) que facilitan la transición a los inodoros. El orinal (vacenilla) en sí es el primero y el más importante. El orinal correcto podría marcar la diferencia, y encontrarás que la curva de aprendizaje es ligeramente más suave si tu hijo quiere sentarse en el orinal (vacenilla) en lugar de considerar el orinal como un obstáculo a superar.

El orinal (vacenilla) debe ser estable y robusto, para no arriesgarse, especialmente si tu hijo está involucrado. Para su comodidad, deben tener forma y moldearse, y ajustarse bien. Debe ser brillante, colorido y atractivo, no estéril y sin vida, más parecido a un jardín de infancia que a la operación de un médico. Debe ser fácil de vaciar y limpiar y ser portátil, para que puedas llevarlo contigo cuando estes viajando, y tu hijo siga teniendo un lugar reconocido en todas partes.

La mayoría de orinales (vacenillas) del mercado satisfacen estos requisitos, pero muchos van más allá para animar a tu joven hijo a dejar la *tela*. Cuando se detecta humedad, varios orinales suenan una musica o cambian de color; esta puede ser una forma divertida de inspirar a tu hijo a usarlo. Sin embargo, estos orinales suelen ser un poco caros.

CAPÍTULO UNO:
Consejos para el entrenamiento para il baño: Tres pasos simples y sencillos de seguir

El entrenamiento para ir al baño es uno de los mayores desafíos en la vida de un niño. Antes de que tu hijo pueda superar este obstáculo, debe estar listo física y mentalmente. El momento es diferente para cada niño - y no tiene absolutamente nada que ver con su inteligencia, personalidad o motivación.

El entrenamiento para ir al baño requiere el uso de habilidades individuales en una cierta secuencia: tienes que ser capaz de entender las señales de tu cuerpo, tienes que desvestirte, tienes que controlar tu vejiga e intestino y luego tienes que lavarte las manos. Tu hijo debe dominar al menos algunas de estas habilidades antes de que empiece a usar el baño, de lo contrario le costará mucho a ambos.

Los siguientes tres pasos ayudarán a tu hijo a tener éxito.

1. Preparación

- Consigue un orinal. Muchos niños se sienten mucho más seguros con un orinal colocado en el suelo que sentados en lo alto del inodoro. No da tanto miedo y le da seguridad al dejar los pies apoyados firmemente en el suelo.

- Coloca el orinal donde tu hijo pasa la mayor parte del tiempo. No tiene que ser el baño, la esquina en el cuarto de juegos es igual de buena. El fácil acceso es una iniciativa muy importante.
- Dale a tu hijo la oportunidad de explorar el orinal y acostumbrarse a él. Díle que es algo muy especial que sólo le pertenece a él.

2. Intentos de aprendizaje

- El niño debe practicar el sentarse en el orinal una o dos veces al día con la ropa puesta. Debe sentarse todo el tiempo que quiera. El objetivo es crear un lazo de amistad con él.
- Elogia a tu hijo por cada paso que da, incluso por los pequeños y los que no fueron del todo exitosos. Mantente optimista. No olvides que es el logro de tu hijo, no el tuyo.
- Tan pronto como se sienta cómodo en el orinal, debe practicar de nuevo el sentarse sin ropa. Así se familiarizara con el concepto de desvestirse antes de ir al baño. También aprendera cómo se siente el asiento cuando toca su piel.

- Después de unos días, pon las heces del pañal en el orinal para que tu hijo entienda qué pertenecen a ese lugar. Explícale que la orina y las heces pertenecen allí. (Los niños de esta edad se imaginan que ciertas cosas pertenecen a ciertos lugares).

- Busca señales de que tu hijo necesita orinar o defecar. Algunos niños lo dicen en una variedad de palabras. Otros hacen muecas, se quejan o adoptan una cierta actitud. Si notas tales signos, pregúntale a tu hijo si necesita ir al baño.

- Muéstrale a tu hijo cómo sentarse en el inodoro. Debe sentarse en él. Es más fácil para los niños aprender a orinar mientras están sentados. Si empieza a ponerse de pie, puede olvidarse de sentarse mientras hace sus necesidades, ¡y eso también es confuso!

- Debe practicar el lavado de manos con agua y jabón cada vez que salga del orinal, aunque no haya pasado nada.

- Pon ropa que sea fácil de quitar a tu hijo, como pantalones sin botones que se puedan bajar fácilmente, o faldas o un vestido. Esto aumenta las posibilidades de éxito. Alternativamente, puedes empezar dejando que tu hijo corra por la casa desnudo durante unos días. Recuérdale cada hora que tiene que ir al orinal cada vez que quiera orinar o defecar. De esta manera puede aprender a entender mejor las señales de su cuerpo.

- Díle a otros cuidadores en la vida de tu hijo lo que haces y cómo lo manejas, como las niñeras o los abuelos. De esta forma, las expectativas de tu hijo se cumplirán de forma consistente y puedes esperar el apoyo al que están acostumbrado. Esto hace que las cosas sean mucho más fáciles.
- Nunca dejes que tu hijo ande por ahí con pañales sucios para "aprender". Eso sólo empeoraría la situación.

3. Da aliento

- Elogia a tu hijo en cada fase de aprendizaje. También es bueno que lo elogies cada vez que le digas que tiene que ir al baño, incluso si se lo acabas de pedir.
- Prepárate para cometer errores, especialmente al principio. Mantén la calma, de lo contrario todo se alargará innecesariamente. Si eres reacio a probar algo nuevo, puede que no estés listo. Déjalo ir e inténtalo de nuevo en unos pocos días o incluso semanas.
- Tan pronto como tu hijo haya completado con éxito el entrenamiento de ir al orinal durante unos días seguidos, cambia a la ropa interior. Algunos niños se sienten más seguros en pañales o en pañales en forma de pantalón - otros no pueden esperar a usar ropa interior para sentirse "niños grandes". Haz que tu hijo reaccione a la rapidez con la que tu cambias a la ropa interior.

- Recuerda que algunos niños pequeños tienen miedo del inodoro y de tirar de la cadena. Si tu hijo tiene miedo, no lo fuerces a enjuagarse, enjuagalo tu mismo después de que salga de la habitación. Después de unos meses, este miedo suele disminuir.

Sigue preparándote, practicando y animándote regularmente y te sorprenderás de lo rápido que puedes deshacerte de los pañales para siempre!

Tu hijo está entrenado para ir al baño cuando va al baño, se desnuda, orina o hace sus necesidades y se tira de los pantalones hacia arriba. Muchos niños deben tener que regular su vejiga primero. Otros comienzan a controlar los intestinos. Ambos controles pueden lograrse simultáneamente. El control nocturno de la vejiga normalmente ocurre varios años después del control diurno. Típicamente, el método de entrenamiento para usar el orinal mencionado en este libro puede ser completado en 2 semanas hasta 2 meses.

Set para aprender a ir al baño:

No empieces a entrenar hasta que tu hijo esté listo. La preparación no se produce de forma natural, sino que requiere principios y habilidades que debes comenzar a enseñar a tu hijo a los 12 años. Ver las ilustraciones del entrenamiento para usar el baño puede ayudar a tu hijo. Muchos niños estarán listos alrededor de los 24 meses y otros a los 18 meses. Cuando tu hijo cumpla tres años, habrá aprendido por sí mismo. Los siguientes signos muestran que tu hijo está listo:

- Tu hijo conoce la definición de "pipí", "caca", "seco", "mojado", "limpio", "sucio" e "inodoro" (Enseñale estas palabras).
- Tu hijo entiende para qué sirve el baño (observando a sus padres, a sus hermanos mayores y a los niños de su edad que usan el baño correctamente).
- Tu hijo prefiere los pañales limpios y secos (realiza ajustes frecuentes para promover esta preferencia).
- A tu hijo le encanta que lo cambien (en cuanto pueda caminar, dile que venga a ti al instante si está mojado o sucio. Elógialo por el cambio de pañal).
- Tu hijo entiende la relación entre los zapatos secos y los de baño.
- El niño puede entender una sensación de vejiga llena y la necesidad de defecar; es decir, camina, salta arriba y abajo, sostiene el pene, levanta los pantalones, se pone en cuclillas o te lo dice. (Aclara: "La caca quiere salir. Necesitas que te ayude").
- Tu hijo puede retrasar brevemente la micción o la evacuación intestinal. Puede mojarse o ensuciarse, a veces se seca con sus siestas.

Tres días de entrenamiento para ir al baño

Día 1

En el momento en que tu hijo se despierte, bájale la ropa de la cintura (durante el fin de semana no lleva ropa debajo de la cintura en casa). Pídele que se siente directamente en el inodoro. Cada vez que use el baño para hacer pipi o para hacer caca, debe ser alabado con una danza o canción específica para ese momento. No lo regañes si tiene un accidente. En vez de eso, señala el accidente en el suelo, y explícale suavemente que el pipi va al baño, no al suelo.

Continúa diciéndole que intente sentarse en el inodoro cada 20 o 30 minutos. Alimentarlo con bocadillos salados y mucho líquido creará más oportunidades para usar el baño durante todo el día. Ayuda a tu hijo a sentarse en el inodoro antes de la hora de la siesta llevandolo al baño. Ponerle un pañal a tu hijo para que duerma está bien, porque el control de la vejiga durante la noche a veces llega más tarde que el control durante el día.

Día 2

Continúa con los actos del día 1. Por lo tanto, trata de llevar a tu hijo a una pequeña excursión de una hora, como jugar afuera en el patio, o por la calle para dar un paseo. Espera hasta que haya usado el baño, para salir de la casa. Eso le demuestra que antes de salir de la casa, puede ir al baño. Haz que use pantalones holgados sin ropa interior o un pañal debajo. La ropa holgada disuade a los niños de ir al baño con los pantalones puestos. Si tiene algun incidente, ve adentro a lavarlo inmediatamente.

Día 3

Comienza el entrenamiento en el día 1. La próxima vez, la salida de tu hijo será de una hora por la mañana y una hora por la tarde. No salgan de la casa hasta que haga buen uso del orinal.

El bebé debería haber dominado el uso del orinal para el tercer día. En este punto, la consistencia es clave, y es vital continuar haciendo que tu hijo vaya fuera de casa lo más lejos posible sin pantalones. Llevará pantalones holgados sin ropa interior o un pañal cuando vaya a la guardería o en público.

¿Cómo harías para entrenar en tres días a tu bebé con el uso del orinal? Me has oído bien: ¡3 días! El entrenamiento del uso del orinal ya no debería ser una operación insoportablemente dolorosa, y puede ocurrir en un fin de semana.

Método de entrenamiento para el uso de orinales:

La forma de entrenar a tu hijo es ofreciendo elogios y recompensas. Sé paciente y haz el proceso divertido.

Evita cualquier presión y castigo. Tu hijo debe sentirse en control del proceso.

Compra accesorios.

- Un sillón con un orinal (del tipo que se puede poner en el suelo). Si los pies de tu hijo golpean el suelo mientras está sentado en el orinal, puede apoyarse para empujar y tener una sensación de seguridad. También puede sentarse y pararse cuando quiera.
- Recompensas favoritas (como rodajas de fruta, pasas, galletas con figuras de animales).
- Pegatinas o estrellas como recompensa.

Se convierte en una de las mejores posesiones del niño.

Lleva a tu hijo contigo para comprar un orinal varias semanas antes de empezar a planear el entrenamiento para ir al baño. Deja claro que tu hijo va a tener una silla especial. Ayuda a tu hijo a ponerle un nombre. Permítele que la decore e incluso que la pinte. Entonces tu hijo estará sentado en ella con su ropa y se sentirá cómodo. Úsala cuando vea la televisión, cuando coma un bocadillo, juegue a un juego o mire sus libros. Mantenlo en la habitación donde normalmente juega tu hijo. Sólo entonces el orinal (después de al menos una semana) entrará en el entrenamiento para el uso del orinal después de que tu hijo tenga una sensación clara.

Llévalo al baño para practicar.

Practica si tu bebé te ofrece una señal alentadora como una cierta expresión facial, gimoteo, mantiene la región genital con las manos, se tira de los pantalones, se para, se inclina, pisa en algún lugar en especifico o produce flatulencias (gases). Durante una siesta o 20 minutos después de una comida, se presentan algunas buenas oportunidades para aprovechar. Usemos un orinal o un baño. Anima a tu hijo a bajar al baño y sentarse allí con sus pantalones. Dile con ánimo, 'Saquemos la caca. Luego diga, "¡Trata de orinar en el orinal!". Puedes animar a tus hijos a sentarse y divertirse, por ejemplo, leyendo un cuento. Si, después de un minuto de intentarlo, tu hijo desea parar, déjalo que lo haga. No empujes a tu bebé para que se siente. No sujete a tu hijo con fuerza ni lo ates al orinal. Cada sesión termina después de cinco minutos a menos que se haga algo, aunque tu hijo parezca disfrutarlo.

Respeta o elogia a tu hijo por el éxito o la cooperación.

Tu hijo debe ser elogiado para que coopere con estas sesiones de práctica. Puedes decirle: "Te sientas como una momia en el orinal" o "haces un gran esfuerzo para poner el pipi en el orinal". Debes darle pequeños regalos, etiquetas y un fuerte estímulo y abrazos cuando tu hijo orine en el orinal. Mientras que algunos niños pueden sentirse orgullosos de sí mismos, otros necesitan de las recompensas. Los grandes incentivos deben reservarse (por ejemplo, ir a la heladería) cuando el niño va solo al baño o te pide que lo acompañes. Puedes dejar de practicar después de haber usado el orinal dos o más veces tu mismo.

Una vez que tu hijo empiece a usar el orinal, empieza a usar los pantalones de entrenamiento.

Después de que empiece a sentarse en el orinal y pueda controlar aproximadamente la mitad de sus movimientos de orina e intestinos, cámbie de pañales a pantalones de entrenamiento. Si se acerca a ti para que le ayudes a quitar la pintura y usar el orinal, necesitará sus pantalones de entrenamiento. Trae contigo a tu hijo cuando compres ropa interior y hazle participe. Compra pantalones sueltos para que puedas subirlos y bajarlos el mismo rápidamente. Usa las diapositivas sólo para las siestas y por la noche cuando siga usando los pantalones de entrenamiento.

Prevención de problemas

Qué hacer

- Cambia a menudo a tu hijo.
- Enseña a tu hijo cuando necesite ser cambiado para que te lo diga.
- Deja que tu hijo pase el tiempo en el baño o con el orinal con otros niños ya educados para que pueda observar.
- Lee libros que te enseñen a entrenar a tu hijo para ir al baño.
- Mantén el orinal junto a tu hijo en la casa, normalmente para que esté jugando. Este fácil acceso aumenta enormemente la probabilidad de usarlo sin preguntar. Piensa en tener dos sillas para entrenar.
- Muéstrale cómo funciona en el baño.
- Mencionalo sólo si tu hijo da la señal de que quiere ir al baño o al orinal.
- Haz propuestas, no peticiones.
- Da un papel activo a tu hijo y deja que lo haga por si solo.
- Da apoyo.
- Ten en cuenta siempre una sonrisa.
- Mantiene un proceso emocionante y divertido. Sé optimista sobre el interés de tu hijo.

Qué no hacer

- No empieces en una fase terca y negativa cuando tu hijo esté intentadolo.
- No utilices penalizaciones o presiones de ningún tipo. Nunca fuerces al niño a sentarse en el orinal.
- No mantengas a tu hijo sentado contra su voluntad en el orinal.
- No tires la cadena del baño de tu bebé mientras está sentado ahí. No le enseñes a tu hijo a que lo haga de ese modo. Es mejor si no lo recuerda.
- Evita la fricción.
- Evita pelear o desafiar.
- No intentes manejar lo que no puedes manejar.
- Siempre debes perder, nunca tonifiques tu respuesta.
- No te debe preocupar demasiado esta función que es normal del cuerpo. En el entrenamiento, trata de estar tranquilo.
- No esperes una función perfecta cuando tu hijo use el baño. Ocurriran algunos accidentes durante algunos meses,.

¿Cuándo es el momento de sacar el orinal?

Puede parecer difícil, pero todos los padres lo afrontan tarde o temprano: los ejercicios para usar el orinal. El uso del orinal es una nueva habilidad para tu hijo. Es mejor ir a su propio ritmo y tomarlo con calma. Le ayudará a tener paciencia, aunque a veces se sienta frustrado. ¿No sabes cómo y cuándo abordar esto? Intentaremos proporcionarte toda la información que necesitas.

Cuándo empezar a enseñar a ir al baño a tu hijo es la primera pregunta que surge en la cabeza de todos los padres. No podemos darte una fecha porque puede ser diferente para cada niño si se busca una cierta edad. Cuando los niños están físicamente listos y quieren estar limpios y secos, pueden regular la vejiga o los intestinos. Mientras que un niño puede prescindir de los dolores durante unos dos años, a otros niños les toma hasta la edad de cinco años o más. Lo que ayua es saber cómo leer los signos de tu hijo. Por ejemplo, empieza a notar cuando orina, o si orina, puede estar inquieto o quedarse quieto o escondido si necesita orinar, o empieza a indicar una pintura húmeda o sucia. Es normal que también tengas algunas preguntas sobre esta situación nueva:

- ¿Puede mi hijo caminar y sentarse en un orinal?
- ¿Puede mi hijo bajarse los pantalones y volver a ponérselos?

- ¿Puede mi hijo permanecer seco durante dos horas?
- ¿Puede mi hijo entender y seguir las instrucciones básicas?
- ¿Puede mi hijo comunicarse cuando necesita ir?
- ¿Puede ser que mi hijo está interesado en usar el baño o en usar ropa interior de "niño grande"?

Tu hijo no es el único que tiene que estar preparado, ya que tú tienes que estar preparado como madre, padre o cuidador. No puedes forzar a un niño, y por favor siempre tenlo en cuenta. Prueba a llevarlo a ir al baño si su rutina no tiene grandes interrupciones o cambios. Algunas personas pueden empezar fácilmente en el verano, cuando se puede quitar menos ropa y lavarla en seco más rápidamente. Además, recuerda que los accidentes son inevitables, y que no debe existir ningún castigo. Planifica tu entrenamiento si tienes tiempo y energía para un período de tiempo más largo para lograr ser consistente.

Pasos para seguir el proceso para ir al baño solo

Usar un orinal será algo nuevo para tu hijo, así que acostúmbrate a la idea poco a poco. Hay algunas cosas que puedes hacer para prepararlo:

- Habla con tu pequeño sobre el cambio de pañales, para que entienda todo sobre el pipi y la caca y lo que significa un pañal mojado.

- Pon un orinal en el baño o, inicialmente, donde tu hijo pasa la mayor parte del tiempo y explícale para qué sirve. También ayuda que tu hijo te vea usando el baño y que le expliques lo que estás haciendo. Una forma divertida de hacer que vea las similitudes con lo que mamá y papá están haciendo es usar frases como "¡Estoy usando mi verdadero baño con orinal!" Usar los juguetes de tu hijo para mostrar para qué sirve el orinal también puede ayudar.
- Anima a tu hijo a sentarse en el orinal con ropa inicialmente. Asegúrate de que los pies de tu hijo descansen en el suelo o en un taburete.

Cuando finalmente comiences el proceso, aquí hay algunos pasos a considerar:

- Haz una pausa en el horario para ir al baño. Pídele a tu hijo que se siente en el orinal a intervalos de dos horas, sin pañal durante unos minutos, así como a primera hora de la mañana y justo después de las siestas. Es mejor que los niños aprendan a orinar sentados. Quédate con tu hijo, o juega con un juguete mientras está sentado, también pueden leer un libro juntos. Deja que tu hijo se levante cuando quiera. Aunque tu hijo esté sentado, le gustaría ser felicitado y animado.
- ¡Ve, corre! -- ¡Rápido! Si notas signos de que tu hijo puede necesitar ir al baño, responde rápidamente con

estas frases. Ayúdale a conocer estas señales, deja de hacer lo que estabas haciendo y acompañalo al baño. Elogia a tu hijo cuando le digas que debe ir al baño.

- Explica por qué la higiene es tan importante. Aprenda a lavar el inodoro de tu hijo (e incluso a usar toallitas) y asegúrate de que se lave bien las manos después. Una forma divertida de mostrarle cómo lo hacen los adultos es usar el sonido de la cisterna del baño y usar las toallitas después.

- Lléva el orinal a todas partes contigo. Si sales, lleva el orinal para que tu hijo entienda que cada vez que necesite ir, querrás que orine en el orinal.

- Olvídate de las chanclas. Tu hijo puede estar listo para cambiar los pañales por pantalones de entrenamiento o ropa interior después de un par de semanas de exitosos descansos para ir al baño y permanecer seco todo el día. Si tienes éxito, será feliz, ¡así que hay que celebrar la transición! Si no puede mantenerse seco, déjalo volver a los pañales.

Si las cosas no van tan bien, y tu pequeño no es su fanático del orinal, tómate un descanso. Empujar a tu hijo cuando no está listo puede llevarle a una frustrante lucha por el control. Dentro de unas semanas o incluso meses, vuelve a intentarlo.

Mantenerse seco por la noche

Cuando se trata de entrenar para ir al baño, la noche puede ser otro desafío. Por lo general, a los niños les lleva un poco más de tiempo aprender a mantenerse secos toda la noche. Algunos pueden aprender esto entre los 3 y 5 años; otros sólo se mantienen secos por la noche cuando tienen siete años. Por lo tanto, es importante asegurarse de que estén entrenados para ir al baño durante el día antes de empezar a salir del pañal de noche. Si el pañal de tu hijo está seco o sólo ligeramente húmedo cuando se despierta en fila un par de mañanas, puede estar listo para el entrenamiento del orinal por la noche.

Antes de ir a dormir, deberías asegurarte de que lo último que hagan sea ir al baño. También, asegúrate de que el orinal está cerca, así que si necesita orinar por la noche, puede usarlo. Utiliza pañales y fundas de colchón desechables cuando tu hijo esté dormido durante el entrenamiento.

Los accidentes son inevitables

Se espera que ocurran accidentes; ningún niño está completamente capacitado para ir al baño por la noche. Límpialo, y vuelve a intentarlo si eso ocurre. Mantén la calma, y no avergüences o regañes a tu hijo. Si mantienes la calma cuando tiene un accidente, no se sentirá ansioso y preocupado, y la próxima vez tendrá más probabilidades de tener éxito. Póngale ropa fácil de cambiar y evite la ropa con cierres o con muchos botones. Lleva una muda de ropa interior encima y también deje una muda, especialmente en la escuela o si se quedan en casa de un familiar o amigo.

Consejos efectivos para el entrenamiento del uso de orinales para las niñas

¿Cómo le enseñas a tu hija a ir al baño? A continuación, algunos consejos que te puedo mostrar.

Nunca debes asustar a tu hija o aceptar que se niegue a ir al baño. Es crítico hacer algunos preparativos necesarios para el gran día.

- Compra los materiales dos semanas antes del entrenamiento real. Los materiales de entrenamiento básico incluyen orinal, pantalones y toallitas. Debes llevar a tu hija y dejarla escoger las cosas que quiera. Por ejemplo, puede que quiera un orinal rosa. También es posible que le gusten los pantalones de entrenamiento rosados diseñados con flores. Llevarla contigo la hará feliz al usar estos recursos.
- Muestra el orinal y deja que tu hija juegue. Esto le permitirá acostumbrarse al orinal. También puedes fingir que juegas con ella. Por ejemplo, finje que entrenas a su muñeca en el orinal. Deja que la muñeca se siente en el orinal y di que debe hacer lo mismo.

- Recuérdale a tu hija el gran día que se avecina. Dile antes del entrenamiento para ir al baño, que la mañana siguiente es un hermoso día, porque será una niña grande. Manténla emocionada.

- Prepárate para los accidentes. Si ocurre un accidente, no castigues a tu hija. Recuérdale pacientemente que debe orinar o hacer caca en el orinal, no en sus pantalones.

- Recompensa a tu hija por cada éxito. Hazle sentir que está haciendo un buen trabajo. Puedes estimularla aún más ofreciéndole golosinas como su caramelo favorito o algunas pegatinas divertidas.

- No hagas un alboroto. Continúa con el comienzo fuerte hasta que tu hija esté completamente entrenada. Haz los ajustes necesarios, dependiendo de lo rápido que aprenda tu hija.

Consejos para el entrenamiento del uso de orinales para los niños

Cuando se trata de consejos para el entrenamiento de los niños para ir al baño, los consejos son variados. Pero en última instancia, requiere trabajo, paciencia y tiempo. Pero cuánto trabajo y tiempo?, eso depende de cómo lo hagas. A continuación se presentan tres consejos importantes para hacer esto lo más fácil posible:

- Evita la frustración

No te frustres, pero intenta evitarlo. Si te frustras o incluso te enfadas, tu disgusto puede reflejarse en el tono de tu voz y en tus acciones. Los niños se darán cuenta de esto. Esto no sólo prolongará el proceso de aprendizaje del uso del baño, sino que también podría hacer que tu pequeño asocie los sentimientos negativos con el uso del baño. Acepta la frustración: respira profundamente y sigue adelante.

- No te apresures.

Cuando enseñes a un niño, reserva el tiempo suficiente y no te precipites. Debes asegurarte de tener mucho tiempo no sólo para concentrarte en el entrenamiento para ir al baño, sino también para tu hijo. Algunos niños pueden necesitar más tiempo que otros, y los niños suelen necesitar más tiempo que las niñas. No debes apresurarte en hacer que vaya al baño porque te llevaría más tiempo del que deberías.

- Formula tu plan

Mas que todo, necesitas una estrategia mientras enseñas a los niños a como ir al baño. Eso es extremadamente vital. Sería un error entrar a ciegas sin ningún plan (créeme, lo hice con mi hijo mayor). Tener un plan significa que primero debes conseguir todos los suministros necesarios (orinal, mapa y algún tipo de recompensa). Luego, debes averiguar con qu[...] frecuencia piensas llevarlo al orinal, cómo hablar de "dejar los pañales", cómo usar un muñeco, si es que hay alguno, y cómo comunicar tu plan a cualquier cuidador para que le enseñe a usar el orinal.

Consejos para guiar a los padres ansiosos durante el entrenamiento para ir al baño

Los padres de un niño deben entender que cada niño tiene algunas características especiales y reacciones a un proceso de entrenamiento. Una cosa que debe tenerse en cuenta en todo el proceso es que es el tiempo de ajuste del niño para pasar del pañal al orinal.

El primer consejo que te daría es que tu, como padre de un niño, debes entender que es un proceso de prueba y error, por lo que el error es inevitable. Así que no debes hacer que el proceso de entrenamiento para ir al baño sea feo o cualquier intercambio de genio que afecte indirectamente al niño mentalmente y le impida usar el baño.

Una vez más, enseñar a tu hijo a usar el orinal no es algo difícil, pero requiere cierta preparación. Debes priorizar los consejos de entrenamiento para ir al baño y buscar aportar energía emocional y física al proceso. En algunos casos, se ha emostrado que mientras el niño está listo como la mamá, el padre no lo está.

Antes de empezar el entrenamiento para ir al baño, elige un momento en el que no estés ocupado con otros trabajos. Las vacaciones de fin de semana son el mejor momento para empezar a enseñar a ir al baño. No uses palabras negativas como travieso, sucio y apestoso haciendo que tu hijo se sienta avergonzado. Haz que el bebé entienda los beneficios de no usar pañales. Además, intenta usar el muñecaìo de tu hijo u otros objetos humanos en un inodoro de juguete y pónlo delante de tu bebé diciendo que el muñeco orinará en el orinal. Intenta mostrarle algunos vídeos sobre el uso del baño para que tu hijo pueda ver y saber cómo usar el orinal. El asiento del inodoro debe ser en modo que sea cómodo, sin ser tan alto donde le resulte difícil orinar.

Por último, puede ser frustrante tanto para los padres como para los niños, pero espero que al seguir mis útiles consejos sobre el uso del orinal, el proceso de aprendizaje del orinal se convierta definitivamente en algo agradable y gratificante.

CAPÍTULO DOS:
Entrenamiento para ir al baño

El entrenamiento para ir al baño es un proceso al que se someten todos los niños (y todos los padres). Muchos padres piensan que va a ser un proceso muy largo y difícil. Sin embargo, si los padres esperan a que sus hijos estén listos para aprender, y si los entrenan de manera consistente, lógica y casual, las dificultades pueden reducirse. La capacidad de aprender a ir al baño no se produce automáticamente cuando los niños llegan a una cierta edad. En cambio, los niños se preparan física y emocionalmente durante el transcurso de varios meses para enfrentar este obstáculo.

A continuación se ofrece información que ayudará a los padres a decidir cuándo es el mejor momento para que sus hijos empiecen a entrenar, los métodos más apropiados y consejos que ayudarán a facilitar este proceso. Al leer este material, los padres deben tener en cuenta que no prestarle demasiada atención es la clave del éxito del entrenamiento.

Cuándo comenzar el entrenamiento para ir al baño

Los padres deben considerar varias cosas antes de decidir cuándo es el momento adecuado para empezar a entrenar.

La edad del niño. La mayoría de los niños muestran signos de estar listos para este entrenamiento entre los 24 y 30 meses de edad. Esta es una variedad demasiado amplia. El tiempo para entrenar al niño depende de él, y la edad durante la cual puede ser entrenado varía según el niño. Por lo general, los niños muestran disposición para aprender a los 3 años. La mayoría de los niños no tienen la capacidad física de controlar las evacuaciones intestinales, o la orina, antes de los 24 meses. De hecho, rara vez son conscientes de estas funciones corporales. En general, cuando comienzas el entrenamiento, cuanto mas maduro sea el niño, más rápido aprenderá. Si el entrenamiento comienza antes del tiempo apropiado, los niños pueden resistir a aprender.

Otros signos de preparación. La edad del niño no es la única indicación de la preparación para el entrenamiento. Es preciso dar muchos signos de preparación para que el entrenamiento tenga éxito (véase más adelante). Si los padres empiezan a entrenar antes de que el niño esté listo, pueden causar mucha frustración (para el hijo y para ellos mismos). Si el entrenamiento comienza antes de que estén listos, los niños pueden mostrar resistencia.

El niño. Los padres deben animar al niño, durante este ciclo, a tomar la iniciativa. Si está interesado en ir al baño por sí mismo, debe comenzar el entrenamiento con sus padres. Sería más seguro esperar si el niño se niega. No se puede obligar a un niño a ir al baño por sí mismo. Es imposible.

Tensiones. Cuando surgen tensiones en la familia (por ejemplo, el nacimiento de un nuevo bebé, el cambio de casa, la niñera, etc.), no es un momento ideal para iniciar el entrenamiento para ir al baño. Es mejor esperar a que todo se haya calmado en tales circunstancias, para evitar la frustración o el engaño.

¿Cuánto tiempo durará?

Recuerda que es diferente para cada niño. Muchos niños se adelantan respecto a otros. Algunos niños aprenden rápidamente, y otros tardan mucho más una vez que empiezan. La mayoría de las evacuaciones intestinales se controlan primero, seguidas del control de la orina. En muchos casos, al final de la noche de entrenamiento, se realiza un control de la orina a tiempo, y a veces se hace sólo después de que el niño aprende a controlar su orina durante el día. La cama ocasionalmente mojada no es inusual en los niños de 4 y 5 años de edad.

Los signos de la preparación

La mayoría de los niños muestran signos de estar listos para aprender a ir al baño sin ayuda. Estos signos generalmente aparecen alrededor de los 18 meses y son más comunes entre los 24 y 30 meses de edad.

Preparación física

La preparación física indica que el cuerpo del niño es capaz de controlar las funciones de evacuación y orina.

El niño permanece seco. Una indicación de que el niño está listo para aprender es que se mantiene seco durante un par de horas. Por ejemplo, el pañal se mantiene seco después de dormir durante el día, cuando se despierta por la mañana, etc.

El niño orina más y más. En lugar de orinar un poco en el pañal, un niño que está listo para aprender a ir al baño sin ayuda, orina más y más.

La necesidad de ir al baño es más frecuente. Los padres notarán que a cierta hora del día, los niños quieren ir al baño, por ejemplo: después de comer, o después de dormir durante el día.

El niño indica la necesidad de ir al baño. Los niños suelen indicar que necesitan orinar o ir al baño. Por ejemplo, hacen gestos, ponen la cara roja, hacen gruñidos u otros sonidos, o pueden dejar de hacer lo que están haciendo. Algunos niños pueden incluso retirarse a un lugar a solas.

Preparación emocional

Estos son indicios de que los niños están emocionalmente listos para aprender a ir al baño sin ayuda.

- El niño pide que le cambien el pañal. Muchos niños se sienten incómodos cuando sus pañales están mojados o sucios y piden que se los cambien.
- El niño pide que le pongan calzoncillos en lugar de pañales. Muchos niños expresan el deseo de usar calzoncillos de "niño o niña grande", en lugar de pañales.
- El niño busca un lugar privado cuando necesita ir al baño. Muchos niños quieren estar solos cuando orinan o defecan. Esto indica que el niño puede contener un poco las ganas de ir al baño.

Preparación general

Aquí hay otras cosas importantes que un niño debe ser capaz de hacer antes de comenzar el entrenamiento:

- **Seguir las instrucciones simples.** El niño debe ser capaz de entender y obedecer instrucciones simples.

Debe estar dispuesto a cooperar con las instrucciones de los padres.

- **Habilidad para caminar**. La habilidad para caminar es muy importante porque, para entrenarlo, el niño debe caminar hasta el baño, especialmente si tiene que utilizar el baño por una emergencia.

- **Ser capaz de ponerse y quitarse los pantalones.** El niño debe ser capaz de quitarse la ropa. Es práctico que los padres compren ropa que se pueda quitar y poner fácilmente.

- **Comprender la idea de usar el baño.** El niño debe ser capaz de entender qué es el inodoro y la importancia de saber cómo usarlo.

- **Comprender la relación entre orinar y tirar de la cadena en el inodoro y mantener los pañales limpios.** El niño debe ser capaz de entender que si usa el inodoro, su pañal estará limpio y seco.

- **Comprender el lenguaje de ir al baño.** El niño debe ser capaz de entender el lenguaje usado para entrenarlo a ir al baño. No importa cómo le llamen los padres para ir al baño (p.ej., pis, caca, etc.). Lo importante es que los términos que usen sean coherentes. Por ejemplo, si los padres se refieren a orinar para "hacer el uno", deben usar esta frase todo el tiempo. Y todos en la casa deberían usar la misma expresión.

Querer complacer a otros (padres). Los niños suelen estar afectados por un período negativo de 2 años. Muchos niños expresan un gran deseo de ser independientes durante este tiempo. A veces nos negamos a colaborar sólo para ver los resultados. Este comportamiento negativo puede hacer que los padres y los niños luchen durante el entrenamiento. Por eso los padres deben esperar a que los niños pasen esta etapa antes de comenzar su entrenamiento. Después de ese tiempo, los niños empiezan a calmarse un poco y a cooperar más frecuentemente con peticiones simples. En este punto, es típico que los niños estén más interesados en complacer a sus padres que en ganar su independencia. Recordemos que cada niño a una edad diferente pasa por este período.

Tener la habilidad de decirle a los demás que necesita ir al baño. El niño tiene que ser capaz de decirle a sus padres o a alguien más que quiere ir al baño con actos o palabras. Por ejemplo, puede seguir sentado durante un corto período de tiempo. Los niños que aprenden a ir al baño permanecerán quietos. Es justo, entonces, que los niños se sienten quietos en el baño. Hay que recordar que es importante que los padres esperen hasta que el niño esté listo para aprender y asegurar el éxito del entrenamiento y evitar frustraciones y desánimo. Los niños deben ser capaces de hacer cualquiera de las cosas anteriormente mencionadas.

Equipo

Aquí hay una lista de cosas que los padres deben comprar antes de que comiencen el entrenamiento.

*El asiento. Una de las primeras cosas que hay que hacer cuando se decide empezar a entrenar es comprar el asiento del orinal. Hay dos tipos de asientos. Uno es en una forma de silla que puede ser colocado en el suelo. A algunos niños les gusta este asiento porque es pequeño y fácil de encender y apagar. El resto del tipo de asientos es para el inodoro. Algunos niños quieren esto porque les gusta que mamá y papá usen el baño para "gente grande". Si los padres prefieren comprar este tipo de asiento, asegúrate de que los niños puedan subir y bajar fácilmente con pasos firmes o con un taburete. También es importante que cuando estén en el asiento, los pies del niño se apoyen en un taburete o en el suelo.

Esto hace que la evacuación sea más simple porque los músculos de la pierna pueden ser usados en el baño. Por varias razones, varios expertos recomiendan asientos pequeños: el niño considera su asiento como su casa. Otra explicación es que los niños pueden subir y bajar rápidamente. Por lo tanto, pueden ir más por separado al baño, y los padres no tienen que llevar al niño para subir o bajar del inodoro.

Muchos niños tienden a tocar el suelo, lo que los hace sentir más cómodos. Cuando los padres eligen un asiento para entrenar, se debe permitir a sus hijos tomar decisiones sobre el mismo. Si el niño prefiere una determinada forma de asiento, los padres deben ser capaces de ser flexibles y, si es apropiado, ajustar la ubicación.

*Ropa apropiada. Durante el período de entrenamiento, será más conveniente que los niños usen ropa que se pueda quitar y poner fácilmente. Pantalones sueltos con cintura elástica son fáciles de quitar y poner para los niños. Los padres deben evitar la ropa con broches y botones complicados durante el entrenamiento.

* Pantalones de entrenamiento / pañales cortos. La idea de usar pantalones es a menudo un gran incentivo cuando los niños empiezan a entrenar. Muchos niños y niñas quieren usar pantalones grandes de "niño" o "niña". Sin embargo, probablemente sea mejor que los padres esperen hasta que su hijo haya aprendido a controlar la orina o las deposiciones durante un tiempo antes de cambiar de pañales a pantalones. Esto evitará la frustración entre padres e hijos. Cuando se cambian los pantalones por primera vez, los padres deben seguir usando pañales durante la siesta del mediodía y por la noche. Los pantalones de entrenamiento son más incómodos que los pañales si los niños orinan en ellos. Este es otro incentivo para que los niños aprendan a mantenerse secos (después de haber logrado algún éxito en el entrenamiento).

Premios. Algunos padres usan los premios como una forma de animar a sus hijos a aprender a ir al baño por sí mismos. Los padres usan actividades especiales, regalos, etc., como recompensa por el progreso. Dichos premios, si se usan, deben reservarse para las ocasiones en que el niño vaya directamente al baño y orine o evacúe por sí mismo. Los premios más grandes, como un viaje al parque con papá y mamá, se pueden usar con menos frecuencia, por ejemplo, cuando el niño se mantiene seco durante varios días consecutivos. Los premios deben ser descontinuados una vez que el niño vaya al baño por sí mismo.

Un gráfico. El uso de un gráfico para registrar el progreso del niño es un buen estímulo. Se puede permitir que el niño, por ejemplo, ponga una estrella en su gráfico cada vez que orine o haga caca en el inodoro.

Comenzando

Aquí hay algunas cosas que los padres pueden hacer con sus hijos para ayudarles a prepararse para el proceso de formación. Es mejor si esto tiene lugar mucho antes (semanas o meses) de que comience el entrenamiento serio.

- Lee libros con tus hijos sobre el entrenamiento para ir al baño antes de que comience el entrenamiento. Hay libros y videos que los padres y los niños pueden leer y ver juntos. Algunos libros y videos hablan sobre algún método específico de entrenamiento de los niños; habrá otros que están diseñados para animar a los niños a entrenar. Los padres deben elegir libros o videos que estén de acuerdo con sus propias ideas o filosofía.

- Si estás de acuerdo, permite que el niño o la niña observe a su mamá o papá (del mismo sexo) o tal vez a un hermano o hermana cuando usen el baño. Los niños toman el ejemplo de los padres y hermanos mayores. Lo que observan hacer, a menudo querrán hacerlo también.

- Compra un asiento para entrenar. Los padres deben comprar el asiento para ser usado, meses o semanas antes de que el entrenamiento comience. También es una buena idea permitir que el niño exprese su opinión al elegir el asiento. Por ejemplo, se puede permitir que el niño elija el color que prefiera. Comprar la silla mucho antes del entrenamiento permitirá que el niño se familiarice con ella. Los padres pueden sugerir que el niño decore el asiento pintándolo o escribiendo su nombre. De esta manera, quedará claro que el asiento le pertenece. Al principio, el asiento puede ser colocado en una de las habitaciones principales de la casa, por ejemplo, el estudio, donde el niño podrá verlo durante el día. Aquí el niño se inclinará a practicará a sentarse y a familiarizarse con el asiento. A medida que se acerca la fecha de inicio del entrenamiento, el asiento puede ser movido y colocado en el baño.

- Decide y enseña el lenguaje para el baño. Tu hijo tendrá que aprender el vocabulario relevante para el baño o el inodoro. No importa cómo se llamen las cosas (por ejemplo, pis, caca, etc.), siempre y cuando el niño y los cuidadores conozcan el significado.

- Promover la conciencia corporal. Asegúrate de que tu hijo entienda las partes básicas del cuerpo que se asocian con el entrenamiento para ir al baño. Tu hijo debe saber de dónde vienen las deposiciones y la orina.

- Promover el conocimiento de las funciones corporales. A veces los niños informan que van al baño. Por ejemplo, dejan de hacer lo que están haciendo, gruñen o sus caras se ponen rojas. Los padres deben ayudar a sus hijos a nombrar estas acciones, así que el niño pronto asociará estas señales con la necesidad de orinar o ir al baño. En algún momento antes de que comience el entrenamiento (es bueno comenzar temprano), los padres deben comenzar a nombrar y señalar estos tipos de comportamiento. Por ejemplo, si un padre nota que el niño se sienta y gruñe (y se ensucia en el pañal), puede nombrar esta acción diciendo: "¡Oh, estás haciendo la caca! "

- Discute el entrenamiento y prepara a tu hijo para la próxima experiencia.

Los padres pueden ayudar a sus hijos a entender el proceso de ir al baño, explicándoles que usar el baño es algo que todo el mundo hace, incluyendo a mamá y papá. Los padres también pueden mencionar cuando cambian el pañal, que "Mami hace la pis en el inodoro". Decir esto ayudará al niño a desarrollar su conocimiento sobre el uso del baño.

Recuerda mantener una actitud positiva. Una actitud positiva es importante para asegurar que el entrenamiento sea una experiencia agradable para todos, especialmente para los niños. La formación es una etapa en la que el niño necesita la ayuda y el estímulo de los padres.

Espera y prepárate para los accidentes. Los accidentes son comunes, y durante el entrenamiento es normal. El entrenamiento es un aprendizaje, por lo que los accidentes tardan un tiempo en detenerse. Los padres deben dar apoyo, por ejemplo, en lugar de regañar o castigar cuando los incidentes ocurren, y pueden decir algo así como: "Bien. Los dos hemos tenido un accidente". La limpieza de los incidentes debería tener lugar sin controversia, y no se debería dar más consideración a este suceso. Si tus padres sospechan de un incidente, se espera que te dirijan al baño para "terminar" la evacuación.

Nunca castigar. Los padres no deben juzgar o disciplinar a sus hijos durante la fase de entrenamiento cuando se producen accidentes. Estos accidentes deben ser tratados incidentalmente, y la resistencia a la cooperación debe ser tratada así como cualquier aspecto del entrenamiento. El niño se desalentará con el castigo, la crítica y la vergüenza, y los problemas empeorarán.

Los pasos a seguir

Despeja tu calendario. Los padres deben hacer planes para quedarse en casa tanto como sea posible durante el comienzo del entrenamiento. Las actividades fuera de casa deben ser limitadas, al menos inicialmente. Una vez que los padres han decidido comenzar el entrenamiento, es importante tratar de quedarse en casa tanto como sea posible. Los padres deben estar disponibles para sus hijos y ofrecerles ánimo, elogios, etc. Al principio, será más fácil para los padres entrenar a sus hijos en sus propios hogares. Esto ayudará a disminuir las distracciones o interrupciones. Sería una buena idea comenzar el entrenamiento durante un fin de semana, especialmente si ambos padres trabajan.

Sugiere el siguiente paso. Después de que el niño se sienta bien en el asiento con la ropa puesta, es hora de seguir adelante.

Los padres pueden sugerir que el niño se baje los pantalones y se siente en el inodoro. Recuerda, los padres deben tomarlo con calma al principio, haciendo un par de sugerencias, y gradualmente sugerir más a menudo a lo largo del día. Recuerda que es importante que los padres no obliguen al niño. En su lugar, los padres deben dejar que el niño dé su propio paso. Si se resiste, los padres pueden intentarlo de nuevo. Inicialmente, los padres tendrán que ayudar a sus hijos a bajarse los pantalones y quitarse los pañales.

Sugiere que el niño evacúe. Una vez que el niño se sienta cómodo bajándose los pantalones y sentándose en el asiento durante varios minutos, es bueno sugerirle que orine o evacúe en el inodoro. Si los padres tienen una idea de la hora del día en que el niño orina o evacua (por ejemplo, temprano en la mañana, después de comer, antes de ir a jugar, después de jugar), los padres deben guiar al niño al baño y sugerirle que utilice el inodoro. Esto mejorará las posibilidades de éxito. Si los padres notan que el niño está orinando o evacuando en el pañal, deben guiarlo al baño para que termine allí.

Enséñale a limpiarse (por ejemplo, limpiar, lavarse las manos, etc.). Una vez que el niño comienza a bajarse los pantalones y a sentarse en el inodoro, es propicio que los padres le enseñen al niño a limpiarse después de orinar (niñas

), o después de evacuar. En el caso de las niñas, es importante que los padres les enseñen a limpiarse de adelante hacia atrás, para reducir el riesgo de propagación de bacterias. Es propicio durante este tiempo enseñar a los niños a lavarse y secarse las manos cada vez que van al baño.

Es importante enseñar a los niños hábitos de aseo adecuados desde el principio.

Alabado sea el esfuerzo. Los padres deben elogiarlos constantemente. Deberían elogiar al niño cada vez que el pañal esté seco, cada vez que el niño intente ir al baño solo, cuando se bañe, y cuando se limpie después de bañarse. Sin embargo, los padres deben tener cuidado de no elogiar demasiado, porque no es bueno hacer mucho escándalo durante el proceso. Los padres deben evitar regañar a sus hijos cuando ocurran accidentes (¡sucederán!). Los padres deben recordar que una de las cosas más importantes que pueden hacer durante este proceso es mantener una actitud positiva, tranquila y alentadora.

Ofrecer incentivos adicionales para el éxito. Si el niño orina o usa el baño, este sería el momento adecuado para que los padres den recompensas o incentivos, si los usan.

Una vez que el entrenamiento vaya bien.

Cuando las cosas van bien por un tiempo, los padres deben empezar a considerar la posibilidad de poner fin al proceso. Aquí hay algunas sugerencias.

Terminar gradualmente las prácticas. Una vez que las cosas vayan bien, los padres deben interrumpir las prácticas y cambiarlas gradualmente sólo cuando lo necesiten. Los recordatorios también deben ser eliminados para que el niño sea gradualmente responsable de su propio entrenamiento. Los padres deben continuar elogiando el esfuerzo del niño.

- Fomentar la formación independiente Los padres deben animar gradualmente a sus hijos a tomar medidas para ser independientes. Por ejemplo, los padres pueden empezar enseñando al niño a bajarse y subirse los pantalones. También pueden cambiar de pañales a pantalones de entrenamiento o a calzoncillos tipo pañal. Más tarde, los padres pueden enseñar al niño a limpiarse por sí mismo. Estos pequeños y graduales pasos lograrán el propósito de que eventualmente, el niño pueda ir al baño por sí mismo.

- Suspende gradualmente los premios. Una vez que el éxito en el baño es consistente, los premios deben ser descontinuados. Los padres deben hacerlo gradualmente, limitando los premios para ocasiones especiales, por ejemplo, cuando el niño va al baño, se limpia y se lava las manos, todo por sí mismo.

Entrenamiento fuera de casa. Una vez que se ha logrado el éxito en el hogar, los padres deben comenzar a entrenar en otro lugar (por ejemplo, restaurantes, casas de familiares o amigos, etc.). También sería una buena idea que los padres compraran un asiento portátil y lo tuvieran en el coche para usarlo en viajes largos. De esta manera, los padres no tendrán que preocuparse por encontrar un baño público cuando viajen.

Prepárate para las recaídas. Es normal y común que los niños tengan accidentes una vez que el entrenamiento ha progresado. Los accidentes suelen ocurrir cuando hay cambios o estrés. Los padres deben mantener la calma y elogiar el éxito del niño y evitar los castigos y regaños.

El entrenamiento para ir al baño es un proceso natural que todo niño o niña debería experimentar. Hay muchas cosas que los padres pueden hacer para que el entrenamiento sea relativamente fácil para ellos y sus hijos. Una clave muy importante para el éxito del entrenamiento es esperar hasta que el niño esté emocional y físicamente listo para controlar su orina y sus movimientos intestinales. El momento en que un niño está listo varía de un niño a otro. Los padres deben prestar atención a los signos de preparación para determinar si el niño está listo para el entrenamiento. Los padres deben recordar siempre que si el niño se resiste al entrenamiento, no deben forzarlo. No deberían convertir el entrenamiento en una batalla.

La mayoría de los problemas con el entrenamiento ocurren porque alguien (generalmente el padre) está forzando las cosas. Si las cosas no funcionan, los padres pueden intentarlo en otro momento.

CAPÍTULO TRES:

Puedes prevenir o minimizar la regresión del entrenamiento para el uso del orinal

La disminución del entrenamiento es una experiencia desagradable y dolorosa para un niño y nieva rápida y silenciosamente en ellos y los padres - no saben nada de cuándo, por qué o qué lo causó.

Los padres no están contentos porque el niño no puede o no quiere usar el orinal, pero la verdadera víctima aquí es el infante - sus mentes inocentes no pueden resolverlo, y la mente definitivamente no se ha desarrollado lo suficiente como para que la rutina de entrenamiento para usar el orinal sea saboteada deliberadamente.

¡Tus padres NO están conspirando contra ti o tu hermano!

Hay varios factores que son responsables de esto, como el miedo, la dieta, los cambios ambientales, los cambios en los hábitos de sueño, los eventos inesperados, los cambios en el suministro de agua.

Estos factores deben ser investigados.

Miedo… no hagas que tu hijo tenga miedo de ir al baño. Palabras como "Cuando papá llegue a casa, te quitaré tu juguete favorito, si no vas al baño". Hay muchas más palabras que puedes usar pero tienes la idea general: no te preocupes de que tu hijo no lo haga. El niño se moverá al primer inodoro que conozca – pued ser un dibujo.

Un niño pequeño que utiliza cereales, frutas, verduras y carne en una dieta equilibrada tendrá dificultades para hacer frente a cosas como la comida rápida, el exceso de dulces, etc., y puede experimentar una regresión del uso del orinal porque típicamente todo su sistema digestivo se ha mejorado y es difícil identificar estos productos alimenticios. Esto suele ocurrir durante las vacaciones y los viajes fuera de casa.

Cambio ambiental - Los centros comerciales, las instalaciones públicas, las instalaciones de viaje presentan un importante desafío durante el entrenamiento del uso de los orinales para un niño pequeño. De repente, se encuentra en un lugar desconocido, lejos de la seguridad y la privacidad de su casa.

Cambio en los hábitos de sueño - Cuando los hábitos de sueño de un niño pequeño cambian, tanto el niño como el padre deben avanzar y mantener un nuevo horario para el entrenamiento del uso del orinal. Aunque el niño pueda tener otro momento para dormir, la rutina de entrenamiento debe adaptarse a los requisitos y reforzarse y mantenerse positivamente, de modo que el niño pueda seguir aprendiendo lo que se espera de él.

Acontecimientos imprevistos - Los visitantes tienen un enorme impacto en un niño. Si estás realizando el entrenamiento, lo último que tendrías en mente es la alegría de ver a un querido padre, tía, tío o compañero. El niño se concentra en mostrar su nuevo juguete o sus últimas obras de arte en una pizarra y pasa desapercibido y no es reconocido por los padres que entretienen a los invitados durante horas. Cuando la fiesta termina, muchos padres no pueden entender por qué sus hijos no van al baño, ya que los padres necesitan recordar la hora y el tiempo independientemente del entretenimiento que lleva al niño al baño regularmente. Un nuevo niño en la casa también resulta en un cambio en el entrenamiento para ir al baño para un niño. El niño pequeño no sabe lo que son los celos, pero al mismo tiempo, el niño ve al recién llegado como un intruso en su dominio y tiene ganas de que se vaya porque no son el centro de atención.

Es difícil realizar las tareas de cuidar a un niño y a una niña, pero los padres tienen que tomarse el tiempo de concentrarse en el bebé, especialmente en el régimen de entrenamiento para ir al baño.

Cambios en el suministro de agua: un cambio repentino en el consumo de agua de un niño puede provocar estreñimiento y molestias. Los adultos pueden verse afectados de la misma manera. Recomiendo encarecidamente que el agua de manantial embotellada sea introducida a los niños unas semanas antes de que pasen mucho tiempo fuera de casa. Mientras al niño se le siga dando la misma agua embotellada en las vacaciones, se le debe ir retirando gradualmente de los suministros regulares de agua cuando regrese a casa. Esto reducirá el impacto del entorno desconocido antes mencionado.

El control de esfínteres no es una tarea fácil para los padres o los niños, pero la paternidad responsable, especialmente en el control de esfínteres, es esencial. Si crees que el entrenamiento en el baño como padre es más difícil para ti, ¡no estás en lo cierto! Algo nuevo, desconocido, incómodo, este niño inocente trata de aprender, y desesperadamente tratan de encontrarle sentido a todo y no les dan ninguna respuesta. ¿Quién tiene el trabajo más difícil ahora?

Muchos padres llegan a un punto de ruptura, luego levantan los brazos y se van porque es demasiado difícil. Ese es exactamente el momento en que no debería ser así, creas un monstruo que dura varios meses para rectificar, y el niño no ha aprendido nada cuando permites que tu hijo camine desnudo por la casa y el patio para que no tengas que molestarte.

No es excusa el ignorar las necesidades de entrenamiento de tu hijo para ir al baño sólo porque estás cansado u ocupado. Es hora de poner el hombro y trabajar más duro en lugar de quejarse. La paternidad responsable no es sencilla, realmente es más difícil de lo que se puede pensar sobre cualquier trabajo remunerado, pero una cosa permanece constante - los niños son niños - siempre lo han sido, y siempre lo son.

Nunca regañes o castigues a un bebé por no haber aprendido a ir al baño justo cuando quiere, sólo harás que tenga miedo de ir al baño.

Los niños pequeños siguen comiendo y haciendo lo mismo que hace 100 años - los pequeños de hoy en día no son un aparato de alta tecnología con el que se puede evitar jugar - son personas pequeñas que necesitan orientación y ayuda de sus padres en lo que necesitan aprender durante toda su vida. Son sólo unas pequeñas personas.

Los padres deben recordar siempre que una vez tuvieron hijos también, y que sus padres o ancianos también tenían que ser entrenados para usar el baño.

La paciencia es un requisito para que el entrenamiento de cada padre en el uso del orinal debilite al bebé y la vigilancia silenciosa con algo de sentido común.

Entrenamiento del uso del Orinal y Mojar la Cama - Problemas Comunes

No sabes qué tipo de palabras usar. Tu hijo debe entender claramente lo que quieres decir con "pipí", "caca", "seco", "mojado", "limpio", "desordenado" y "orinal". Enséñale estos términos a tu hijo, y úsalos regularmente durante el período de entrenamiento para ir al baño.

No sabes cómo recompensar a un niño. Elogia a tu hijo por su cooperación o éxito. Toda cooperación y esfuerzo debe ser elogiado. Por ejemplo, podrías decir: "Eres excelente al estar sentado en el orinal", o "Te esfuerzas por poner el pipí en el orinal". Si tu hijo orina en el orinal, puedes recompensarlo. Aunque algunos niños necesitan una sensación de logro, otros necesitan tratamientos para mantenerse concentrados. Tratamientos como pasas, galletas saladas, rodajas de fruta o pegatinas, así como gratitud y abrazos. Las grandes recompensas (como ir a la tienda de dulces o helados) deben reservarse para cuando tu hijo vaya solo a utilizar el orinal, o pida ir contigo y utilizarlo. Continúa felicitando a tu hijo por la sequedad y el uso del orinal constantemente.

Tu hijo no reconoce la necesidad de orinar. Eso es natural. Durante muchos meses, algunos niños no obtienen un control completo de la vejiga. Esto puede durar más tiempo con la enuresis.

No hay un baño disponible. Antes de un viaje largo, tu hijo tendrá que aprender que para tratar de usar un baño, se lo debe usar incluso si realmente no siente la necesidad en ese momento. En muchos casos, el baño no estará disponible o no estará lo suficientemente cerca cuando sea realmente necesario, por lo que debes enseñar a tu hijo a orinar fuera. Esto puede ser útil para otras ocasiones. Es posible que tu hijo no aprenda a usar el orinal y no se recomienda retener la orina. Para los niños pequeños, esto no es un problema, pero las niñas deben aprender a ponerse en cuclillas, de modo que sus pies y su ropa estén fuera del camino. Puedes ayudar a tu hija mostrándole la posición correcta y apoyándola mientras se pone en cuclillas.

Tu hijo trata de jugar con las heces. Eso es simple curiosidad. Sé comprensivo, pero firme, y comunica sin molestar a tu hijo simplemente diciendo, "Esto no es algo con lo que debes jugar".

Tu niño insiste en sentarse a orinar. La mayoría de los niños quieren sentarse mientras aprenden a usar el orinal.

Después de aprender a orinar sentado y de dominar el control de la vejiga, comunícate con él explicándole que es un niño grande y que puede ponerse de pie en el orinal. Es posible que lo aprenda por sí solo o que vea a su padre o a otros hombres o miembros de la familia yendo al baño.

Tu hijo se resiste a ir al baño. La resistencia generalmente significa que empezar a ir al baño no es el mejor momento. Si tu hijo es mayor de cinco años y observas que parece necesitar orinar o defecar, intenta llevarlo al orinal. Sostenlo sentado en el orinal durante unos minutos y habla con él sobre lo que quieres y por qué. Sé casual y tranquilo con tu voz. Protesta enérgicamente, no insistas.

Tu hijo tiene accidentes. En las primeras etapas del entrenamiento para ir al baño, los accidentes ocurren mucho. La mayoría de los niños tienen accidentes, y mojar la cama se considera común incluso después de 6-8 meses. Recuerda mantener la calma después de un accidente, trátalo con calma y trata de no molestarte. Los castigos y regaños a menudo hacen que los niños se sientan mal y pueden hacer que el entrenamiento para ir al baño lleve más tiempo y cree sentimientos que tu hijo no puede manejar a esta temprana edad.

Tu hijo se altera cuando las heces se expulsan. Algunos niños creen que sus desechos son parte de su cuerpo. Un niño normalmente se siente muy asustado en este punto. Es difícil para ellos comprenderlo. Comunica a tu hijo cuales son los desechos del cuerpo y la necesidad que tiene el cuerpo de eliminarlos en el baño. Considera la posibilidad de escuchar a tu hijo decir "adiós caca", tirando de la cadena y aliviando la tensión con una voz relajada y tonificada. O intenta decirle adiós a tu propia caca. Esto puede revertir una reacción positiva y hacer un juego divertido.

El movimiento intestinal del niño o la orina ocurre justo después de ser sacado del baño. Esto ocurre en las primeras etapas del entrenamiento para ir al baño. Realmente le toma tiempo a tu hijo aprender a relajar los músculos del intestino y la vejiga. Si esto sucede con frecuencia, es posible que tu hijo no esté realmente listo para el entrenamiento del uso del orinal. Inténtalo en unas semanas.

Tu hijo pide un pañal cuando se espera una evacuación intestinal y se esconde o se pone de pie en un lugar especial. Es la capacidad de tu hijo para posponer brevemente la micción o la evacuación intestinal. Pueden salir y esconderse, volver mojados o sucios, o despertarse secos de las siestas. Esto sugiere una preparación física, pero puede que no esté emocionalmente listo para el entrenamiento para usar el baño.

No se trata de un fracaso en la práctica del uso del urinal, y esto te permite saber que tu hijo reconoce las señales de los intestinos. Piensa de manera positiva y sigue sugiriendo la evacuación del intestino en el baño.

Orinar mientras se duerme. Mojar la cama y dormir por la noche debería tomar un poco más de tiempo. Anima a tu hijo a usar el orinal justo antes de acostarse y de despertarse. Comunicale que en medio de la noche, si tiene que ir al baño, te debe llamar o levantarte para ayudarle a ir al orinal por la noche.

Ir al baño con una persona en particular. Es bastante natural con la mayoría de los niños. Si tu hijo va contigo, retírate lentamente del proceso. Puedes ofrecerte a esperar a tu hijo, ayudarle a desvestirse, o caminar al baño. Pero espera fuera de la puerta y sólo las veces necesarias entra y sal del baño, para que tu hijo sepa que estás muy cerca si necesita ayuda.

CAPÍTULO CUATRO:
Asientos de entrenamiento para ir al baño - Pros y contras

Hoy en día, muchos padres optan sólo por un asiento con orinal cuando su hijo está entrenado.

Un asiento con orinal es un asiento pequeño que cabe en un inodoro para adultos y así se elimina la necesidad de vaciar el contenido del orinal.

Al usar un asiento con orinal en el baño, hay tanto ventajas como desventajas al entrenar a su hijo, y discutiremos la diferencia en este post.

Asientos de orinal para entrenar a los pros

- El beneficio más claro de usar un baño es el ya mencionado. Cuando tu bebé se sienta en la parte superior de un inodoro para adultos, todos los residuos entran directamente en el inodoro para adultos. No sufres de derrames, vuelques, malos olores, etc., como con un orinal simple.
- Usando un asiento de orinal, nunca tendrás que cambiar el asiento de orinal. Tienes el baño de adultos desde el principio, completamente cómodo.

- Hay un asiento de entrenamiento portátil para el baño. Sólo tienes que llevar uno en el coche y siempre tendrás el orinal adecuado en cualquier lugar donde haya un baño para adultos para tu niño, sea que este esté en edad preescolar o para tu bebé.

- El asiento del orinal también hace que el bebé se sienta grande automáticamente, ya que sabe que los adultos sólo usan el baño de los adultos y ella estará haciendo eso en ese momento.

Asientos de orinal para el entrenamiento-Ventajas

- El problema de la seguridad puede estar relacionado con los asientos de los orinales. Para que el niño se suba a la silla de entrenamiento con seguridad, debe tener algún tipo de escalón. A algunos niños les gusta esto, pero a otros no les gusta mucho esta zona, porque en realidad tienen bastante miedo de usar el baño. Un niño asustado no usa bien el orinal.

- En el camino pueden estar los asientos de orinal. Cada vez que un adulto necesita usar el baño, debe empujarlo. Por supuesto, si tu hijo es nuevo en el entrenamiento, es posible que debas retirar el asiento de adulto del inodoro, porque los accidentes pueden ocurrir, y de hecho ocurren, cuando un niño intenta colocar el asiento de orinal en un inodoro para adultos sin esperar a que lo ayuden.

- Un asiento de orinal debe proporcionar un espacio para que tu hijo coloque sus pies firmemente para que pueda relajarse completamente. El suelo hace esto en un orinal de forma inmediata. A menudo, la altura del escalón del asiento de orinal es exactamente la misma, pero cuando un niño está sentado, la altura del escalón no es la correcta.

- Una silla de entrenamiento para usar el baño para adultos no es adecuada para los chicos jóvenes que quieren estar de pie y hacerlo como papá. Piensa en cómo quieres entrenar a tu hijo para ir al baño antes de llegar al orinal automáticamente.

Los asientos de orinales para entrenamiento son una gran conveniencia si se usan adecuadamente. Muchos padres siguen una tendencia mundialmente famosa en la que primero utilizan un orinal simple y luego pasan a un asiento de orinal cuando el niño crece.

¿Al final? Es obvio que la elección de un asiento de orinal depende de tu método de entrenamiento para ir al baño y de la personalidad única de tu hijo. Ciertos padres se alegran de tener tanto un orinal simple como un asiento de orinal, y algunos asientos de orinal están realmente separados para ser usados tanto como silla como asiento. Un padre también debe ser flexible porque un niño puede favorecer a uno u otro asieto y luego cambiar de opinión a medida que progresa en su edad y madurez.

Lo que hace que la experiencia de tu hijo sea tan buena como sea posible es el factor más importante a tener en cuenta. Debes saber que el asiento de orinal que elijas hace su trabajo siendo seguro, cómodo y acorde con tu vida hogareña. El proceso de entrenamiento se basa en la integración de los altibajos y lo que más debes saber es como identificarlos.

Sillones de orinal: cómo seleccionar a la persona adecuada

Ciertamente has visto sillas de entrenamiento para ir al baño, ya que planeas educar a tu hijo en un futuro próximo.

¿No tienes muchas opciones?

Debe ser elegante, simple, de una sola pieza, pintada a mano, multiuso, de género y portátil para principiantes.

Ya que posiblemente te has negado a comprar uno de estos artículos, ¿cómo determina cuál de ellos funciona mejor para tu hijo?

Esta es una gran pregunta. Considera varios tipos de sillones de orinal y encuentra las principales ventajas de usarlos.

Asiento de orinal pequeña de entrenamiento u orinal simple.

En primer lugar, tienes que determinar si quieres tener un orinal (un inodoro con un baño infantil en el suelo) o un asiento de orinal (un asiento de baño infantil en un baño para adultos).

Es posible que el asiento del orinal no tenga que reemplazar el orinal (suena bien), pero hay que recordar que muchos niños no montan el inodoro para adultos cómodamente.

Los orinales multiusos son sillas con orinal que pueden distinguirse y a menudo son asientos con orinal. Bastante inteligente, ¿no? Algunos también se pueden encender. Mira y trata de trabajar en un asiento de orinal mientras está en el baño de adultos, incluso cuando el sillón de orinal es sin bordes afilados.

Específicae el género, o no.

Algunos sillones de orinal son adecuados para niños o niñas, pero algunos están especialmente hechos para ser usados para un solo sexo.

Francamente, como esos orinales funcionan bien, corres el riesgo de tener otro orinal la próxima vez que quieras tener más de un niño. Los protectores contra salpicaduras son cosas que hay que tener en cuenta y deben ser lo suficientemente altas para los niños pequeños, pero también para los niños como para las niñas, para los cuales es fácil dar zancadas. Muchos protectores contra salpicaduras pueden estar desactivados para las niñas, pero ten cuidado con los bordes sucios.

Un tazón o un solo plato.

De una sola pieza, fácil de aspirar, son los mejores sillones de orinal. Son elegantes y circulares, sin bordes para pellizcar los muslos pequeños.

Sin embargo, otros padres, como yo, quieren que se retire el orinal. Eso significa que el orinal puede tener algo más dentro, pero vale la pena si se vacía el orinal durante meses un par de veces al día.

Busca un bol que también pueda ser retirado rápidamente. Mucho mejor, si puedes hacerlo todo por tu cuenta. Finalmente querrás que tu bebé haga el trabajo por sí mismo, pero no querrás que sea algo complicado o que sufra de derrames fácilmente.

Los asientos de orinal portátiles.

Después de entrenar para ir al baño a mis propias hijas, puedo decirte que en tu auto necesitaras un orinal para un viaje o un sillón portátil para entrenar a ir al baño.

En cambio, independientemente de lo sucio que esté un baño público (o de que no esté disponible en absoluto), el entrenamiento para ir al baño será continuo. Puedes conseguir sillas de peluche, tener forros en ellas, o incluso puedes usar todo el sillón de orinal.

También puedes obtener orinales plegables en los baños públicos para adultos para ayudar a tu hijo pequeño a sentirse seguro y cómodo.

Especialización en orinales.

Estos son los asientos de orinales que son divertidos. Puedes tener orinales musicales (que tocan música cuando un sensor detecta humedad, otros pueden simplemente tocar una canción), tener personajes de orinales y sillones de orinales pintados a mano que son encantadores cuando tienen que ir al baño.

Resumiendo.

Ten en cuenta cómo quiere entrenar y que personalidad tiene tu hijo cuando compres las sillas de entrenamiento de orinales.

Limpiarás MUCHO, y tu hijo debe sentirse cómodo y motivado mientras lo usa.

Entre estos sillones de orinal, no hay elecciones erróneas o correctas. En cada uno de los baños de tu casa, puede que necesite uno, y en el auto, necesitas uno mas. O puedes decidir que la mejor opción para tu familia es un simple orinal que puede ser llevado a cualquier lugar.

Todo está bien. Lo crucial es mantener los ejercicios del uso de los orinales actualizado mientras tu y tu hijo se mueven juntos en este importante hito.

Ayudas para el entrenamiento en el uso de los orinales.

Ya has visto la vertiginosa variedad de ayudas para ir al baño que hay en el mercado, tanto si tu bebé esta en la escuela como en el preescolar.

¿Has visto cuántos estilos diferentes de sillas de orinal existen, ya sea en pegatinas, libros, fotos, porterías, relojes, asientos o sillas?

Obviamente, la verdadera pregunta es, ¿Cuáles son los artículos que realmente necesitas para entrenar a tu hijo?

A continuación se explican algunos de los diversos auxiliares de orinal disponibles en la actualidad y para que son útiles.

Atardeceres limitados.

Empecemos con el mas grande. Sillas de orinal. Vas a querer usar algo que se limpia seguro y fácil. Si entrenas a un niño, un protector contra salpicaduras es bueno. Más allá de eso, depende de tu y de las preferencias personales de tu hijo.

Puedes llevar a tu hijo a comprar su nuevo orinal si quieres, o puedes pensar en su temperamento y elegir lo que sabes que va a funcionar para él. Orinales con música, personajes y sillas multiusos están disponibles.

El orinal portátil o de viaje es un tipo de silla que debes tener. Confía en mí, y hay ocasiones en las que esto es importante, como cuando estas en el parque sin inodoros, un asqueroso baño público, o simplemente cuando estas conduciendo por la carretera y tu hijo ya no puede esperar.

Los asientos de orinal, como las sillas de orinal, son especiales. Son asientos para niños, que encajan en la parte superior de los inodoros para adultos. Algunos niños se suben a un taburete para ir a la cima y hacer sus necesidades porque son muy convenientes al usarse. Personalmente, después del entrenamiento en el baño, mis hijos usaron esta ayuda especial para el entrenamiento en el uso del orinal.

Muñecos de orinal.

Este articulo puede ser útil para entrenar a los niños correctamente. Una verdadera muñeca de ejercicio de orinal tomará agua y luego "orinará" a pedido, mostrando a tu hijo exactamente como esperas que lo haga. Esta claridad es a menudo suficiente para entrenar a algunos niños.

Puedes optar por usar su muñeca favorita o un animal de peluche, y fingir que usas un orinal. Esto ayuda a muchos niños, especialmente a aquellos que ya entienden el proceso de ir al baño. Considera a tu propio hijo y su estilo de aprendizaje, para ver si una muñeca con orinal puede ser útil.

Libros y videos.

Una selección de estos probablemente vendrá de tu mismo. Empieza a aprender lo que está disponible en tu biblioteca local. En primer lugar, lee y miralos sin tu hijo para asegurarte de que el mensaje transmitido se ajusta a las necesidades de tu hijo.

Los libros y los vídeos son ayudas para el entrenamiento en el uso de los orinales que los niños utilizan con frecuencia y que los hacen más fuertes por repetición. Así que, ¡escoge aquellos que todavía pueden ser vistos! Es bueno si tienes uno en el que bailas o haces alguna tonteria; estos son instrumentos perfectos para mantener a tu joven aprendiz en el juego.

Relojes y objetos.

Los objetos son cosas que se pueden tirar por el inodoro y permiten a tu hijo disparar y apuntar. Como puedes imaginar, al menos al principio, son muy divertidos e inspiradores. Pero pierden su brillo rápidamente, así que sugiero que te mantengas con terapias especiales por si el niño necesita apoyo durante un período prolongado.

Los relojes son un dispositivo que puedes utilizar para ayudar a tu hijo en edad preescolar para que aprenda a cuidarse a sí mismo. Durante 60 o 90 minutos, tu decides si quieres que tu hijo use el orinal, y ajusta la hora en el reloj. Cuando llegue la hora, el reloj vibrará o pondrá música. Esto puede ayudarte a dejar de tartamudear y animar a su hijo a prestar más atención.

Sellos, galletas, trofeos.

El uso de estos ayudantes en el uso del orinal junto con un mapa de recompensas sirven para ayudar a tu hijo a prever el éxito en el entrenamiento del uso del orinal. En términos generales, es una buena idea cambiar las tablas y los premios para evitar la frustración. (por cierto, mantén los premios pequeños).

En resumen, se trata de una de las mejores y más útiles herramientas disponibles para el entrenamiento en el uso del orinal. Piensa en la personalidad de tu hijo y en sus propias preferencias personales, y podrás tomar una buena decisión para comenzar el proceso de entrenamiento de uso del orinal con tu hijo.

¡Puede que incluso disfrutes del viaje!

Cómo elegir el orinal adecuado para su hijo

Los asientos de orinal son una parte importante del entrenamiento tu hijo. Hacer que un bebé se siente en un inodoro para adultos, no es muy seguro o cómodo. Otra explicación es que los niños pequeños pueden tener miedo de sentarse en el inodoro grande. Aprender a usar el orinal es un paso importante en la vida de un niño, y es un paso importante el cual debe pasar. Uno de los primeros pasos es tener la mesa de entrenamiento adecuada para el uso del orinal.

Muchos niños se sienten más cómodos con un pequeño asiento para ir al baño. Esto también es menos intimidante que sentarse en un gran inodoro normal para un niño de dos años. Le gusta sentir que tiene su asiento para usar. Pueden subir y bajar mucho más fácilmente. Cuando pueden hacer más trabajo ellos mismos, es probable que quieran hacerlo por si solos. Estoy seguro de que los niños empiezan a querer hacer las cosas pronto, cuando aumenta su confianza al hacer las cosas por si solos.

La desventaja de un asiento de entrenamiento de orinales en tamaño infantil es que se vacía y se limpia. Debes deshacerte de su contenido por cada viaje positivo al orinal. ¡Es sólo uno de los muchos sacrificios de la paternidad! Aquí hay algunos consejos para la limpieza de los orinales de este tipo. Llénalo con agua limpia del grifo después de que el contenido se haya vaciado en el inodoro y luego inicia a lavarlo. Si es necesario o no, usa el spray desinfectante para limpiarlo. Rocía el área de descanso también. Asi el orinal de tu hijo estará limpio para la próxima vez y libre de gérmenes.

Tal vez tu hijo quiera usar un gran inodoro como papá y mamá. En este caso, sería una buena idea tener un cómodo asiento de orinal. Encaja perfectamente como su nuevo inodoro. Están disponibles en varios colores y diseños. Muchos vienen con rociadores y agarraderas. Tu hijo puede sujetar los mangos más fácilmente porque sus pies no tocan el suelo. Algunos de estos tipos también tienen integrados los escalones. De esta manera, tu hijo puede aprender por sí mismo a ir al baño. Esté siempre presente cuando tu hijo pequeño utulice su nuevo orinal. No querrás perder la oportunidad de ayudarlo si llega a caer en él por accidente.

No tiene que ser una tarea desalentadora elegir uno de los muchos asientos de orinal diferentes. Empezará el proceso de entrenamiento de orinales una vez que decidas lo que es mejor para tu hijo. No te preocupe, tu hijo y tu lo harán muy bien. A un ritmo diferente, cada niño aprende a ser paciente y a ser positivo.

CAPÍTULO CINCO:
El cambio a un buen niño o niña

Cuando se trata de enseñar a ir al baño, cada niño es especial, y es difícil determinar si dejará los pañales y comenzará a usar el baño. Pero hay que tener en cuenta que el entrenamiento en el uso del orinal puede convertirse en una gran empresa (aunque muchos padres afirman que es fácil). Y no planees darle sus Pampers. Los ejercicios en el uso del orinal requieren tiempo y flexibilidad.

¡No hay más marcos!

Los niños son un grupo muy terco, con sus hábitos de baño desbordándose. No existe un método de "curalotodo" o "arreglarlo todo" para el entrenamiento en el baño, al contrario es una combinación de pruebas y errores. Cuando hay incentivos y beneficios reales, es mejor sacar al niño de los pañales. Tu incentivo no debe implicar comprar ropa cara o comprar juguetes caros.

Cuando estés preparado para empezar a entrenar, asegúrate de que tu y tu hijo están listos, ya que no hay vuelta atrás. No hay edad para empezar a entrenar para ir al baño, sin embargo, es bueno que se inicie después de los primeros 18 meses de vida. Muchos padres comienzan el entrenamiento mucho antes de los 18 meses, mientras que algunos pueden esperar a que el niño tenga dos o incluso tres años.

Formación para el uso de pantalones y asientos

Una vez que hayas determinado que tu hijo está listo para usar sus pantalones de niño grande con su pañal de bebé, busca unos cuantos pantalones de entrenamiento de ropa interior, ya sea del tipo desechable como "Pull-ups" o del tipo reutilizable/lavable. También puedes suponer que cuando compres sus pantalones de entrenamiento, debes alentar al niño a estar presente y decidir cuál le gusta más.

También es una buena idea la ropa interior con el dibujo animado favorito del niño, lo que crea más emoción desde el punto de vista de un niño. No mires atrás cuando compres los pantalones. Quita todos los pañales de tu casa y asegúrate de que el niño los tire a la basura.

Volver a ellos sólo puede prolongar la fase de entrenamiento para ir al baño y aumentará el miedo del niño a usar pantalones. Tal vez quieras comprar un asiento para niños con orinal o un asiento especial para el inodoro.

Empezando

Después de que el entrenamiento de tu hijo haya comenzado, es necesario que siempre le preguntes al niño si quiere ir al baño durante el día. Deja que el niño olvide que quieres entrenarlo en el orinal; debes animarlo a ir al orinal durante las primeras semanas (o meses en algunos niños).

No va a ir siempre, pero si lo hace, asegúrate de hacerle un cumplido y mostrarle que lo ha hecho como un "gran chico". El objetivo al final de este proceso es que el niño pueda crecer de forma independiente sin tu ayuda o estímulo, pero podría requerir un largo viaje y paciencia.

En promedio, el entrenamiento de un niño toma alrededor de ocho meses - aunque algunos pueden tomar un año entero para establecer diferentes patrones de aseo.

Consejos para recordar

Los siguientes consejos te ayudarán a desarrollar costumbres de aseo adecuados mientras trabajas con tu hijo:

- Deja que tu hijo se sienta lo más cómodo posible en el proceso; esto significa no vestirlo con ropa que sea difícil de quitar o que tenga varios botones y broches. Los pantalones elásticos son perfectos, se pueden subir y bajar rápidamente.
- Pon el orinal al lado del inodoro y en todos los baños de la casa donde el niño pueda usarlo.

- Al niño le gusta ver lo que pasa y a veces va al baño simplemente por esa razón. El niño es el que cambia los colores del suelo cuando orina.

- Compra algunos libros para niños del taller de uso de orinales y léeselos a tu hijo para mejorar sus habilidades juntos.

- Crea una tabla de recompensas y pon una pegatina especial en la tabla cuando el niño lo use; pon la tabla en el refrigerador para que sea fácil de ver.

- No regañes al niño cuando le suceda un accidente; el entrenamiento en el baño tiene una curva de aprendizaje, ¡y al final lo hará bien!

Cuándo empezar a entrenar

El entrenamiento para ti y tu hijo es un logro maravilloso. Es una especie de aventura. El entrenamiento de uso del orinal construye la confianza cuando los niños aprenden a completar una aventura en su uso. Lamentablemente, los expertos tienen una gran variedad de ideas sobre cómo entrenar al niño en el uso del orinal y cuando hacerlo.

La mayoría de los expertos recomiendan que su hijo no haga nada hasta que pueda enseñarse a sí mismo a ir al baño de forma efectiva. Otros expertos creen que la participación activa en la educación para ir al baño es fundamental para el desarrollo social y psicológico del niño.

Sí, muchos de nosotros fuimos capaces de sentarnos solos y prácticamente sin el apoyo de nuestros padres en el asiento de orinal. Sin embargo, la mayoría de los niños necesitan nuestra ayuda y aliento, no importa cuán brillantes y listos parezcan ser.

Estar preparado para el tren del baño es un elemento importante antes de embarcarse. Necesitas empacar la ropa y los suministros necesarios mientras planeas tus vacaciones. Debes tener todo listo con los niños y niñas: pantalones de entrenamiento, sillas de baño, etc.

El momento de empezar a ir al baño ahora depende mucho más del desarrollo de tu hijo que de su edad. Aquí hay algunas señales del desarrollo de su hijo que te dirán que está listo.

1. Si tu hijo es consciente de las partes de su cuerpo y siente curiosidad por ellas.
2. Cuando se le pregunta mientras usa el orinal qué es caca y pipí.
3. Si a tu hijo le gusta vestirse bien.
4. Cuando tu hijo se emociona por hacer una tarea como quitar un juguete.
5. Cuando tu hijo empieza a guardar cosas o a poner cosas en su lugar.
6. Cuando tu hijo sepa que tiene que ir al baño.

Es importante hablar con tu hijo sobre estos signos para que pueda aprender que le dice su cuerpo. Fortalece la conciencia de tu hijo sobre el uso del baño y del inodoro. Deja que tu hijo mire y charle sobre el baño con otros niños y amigos.

Cuando veas que tu hijo se va, adviértelos. Al ver a tu hijo esconderse, sostenerse o desplazar su peso de pie a pie, señalaselo. Puedes saber que tu hijo necesita usar el inodoro, pero tu hijo puede no ver esto. Tal vez tu hijo aún no sepa lo que está sucediendo.

Ayuda a tu bebé a aprender a leer las señales de tu cuerpo. Los accidentes ocurren y cuando tu pequeño está atascado en el o en el suelo con su arte, llévalo al baño y pon el taburete en el inodoro, para que sepa a dónde tiene que ir. Pronto tu hijo aprenderá que el pipí y la caca pertenecen al orinal, no al piso.

La mentalidad del bebé en el uso del orinal

Quieres entrenar a tu bebé a usar el orinal, pero no sabes dónde buscar ya que nunca lo hiciste antes. Bueno, has venido a la posición correcta. Voy a mostrarte fantásticos recursos para el entrenamiento del bebé en el uso del orinal. Aquí voy a mostrarte lo básico. En primer lugar, el entrenamiento del bebé para ir al baño no es una técnica, sino una mentalidad. Mucha gente piensa que hay técnicas involucradas, y finalmente pasan mucho tiempo girando sus ruedas tratando de que su bebé vaya y use el orinal.

Ya sea que use lo que uses, sin importar el método o la tecnología, sin importar si quieres que tu hijo se pare o se siente en los orinales orinales, debes recordar que el pensamiento lo es todo. Echa un vistazo más profundo y mira cuáles son estos pensamientos. Debes seguir el entrenamiento de tu hijo para ir al baño. A veces debes recorrer un kilómetro más para decirle a tu bebé o a cualquier persona que esté cuidando de tu hijo cómo debe usar el orinal. Esto podría enviar mensajes contradictorios a tu hijo si no eres consistente, y los resultados son inconsistentes. Ponlo de otra manera si quieres que tu bebé sea recogido y entrenado de forma consistente en el uso del orinal.

Si dejas ir solo a tu bebé al baño puede ser una experiencia frustrante. Así que tienes que saber que tu hijo es un niño y que si hace un desastre, es muy normal. No tienes que mostrarle a tu hijo que estás decepcionado con el, pero sí con el desastre que ha hecho. Puedes hacerlo poniendo caras y declaraciones de desaprobación cuando limpies el desastre. No te preocupes si tu hijo no habla todavía el idioma ya que si te entiende. La comunicación más popular es a través del lenguaje corporal, y el mensaje será recogido por tu hijo. Naturalmente, los niños de esta edad quieren que sus padres los complazcan, así que usen esto para su beneficio.

Además de mostrar su desaprobación al limpiar el desorden, durante el proceso de entrenamiento para ir al baño, no debes mostrar ningún signo de desaprobación. Esto es siempre una fuente positiva de mejora. No regañar durante los entrenamientos. Para ti y tu bebé, es sólo frustrante. Tu hijo es capaz de hacer cosas increíbles, pero no sin errores, porque todos somos seres humanos, después de todo. Sólo miralo con confianza y asómbrate de lo que tu hijo aprende a hacer rápidamente.

Si tu hijo ha hecho lo correcto, al utilizar el baño o cualquier dispositivo de entrenamiento de orinales que tu hayas elejido, debes rendir homenaje a esa actitud positiva. Si tu hijo quiere beber más agua, puedes darle un sorbo. Tu hijo tendrá entonces más oportunidades de practicar. Los ejercicios para el uso del orinal para bebés también pueden utilizarse como recompensa.

Puedes entrenar a tu hijo con el método correcto en tan sólo tres días si te comprometes a ello. Esto significa que puedes tener que dejar el trabajo por un par de días, o tu hijo puede necesitar tomar algunos días libres. Comprométete y dedica tiempo a ser constante a lo largo del entrenamiento, y verás cómo la concisión y el compromiso con los resultados se ajustan a tu hijo.

¿Cómo enseñarle a ir al baño y dejar el pañal?

Ya has cambiado más de 2.000 pañales al año, y estás deseando que llegue el verano para ayudar a tu hijo a empezar un nuevo camino. Bueno, en la etapa de desarrollo del bebé, el momento más esperado por los padres es el momento de enseñarles a ir al baño y dejar el pañal.

Dejar el pañal, sin embargo, plantea una serie de dudas a los padres: ¿en qué etapa me enfrento al aprendizaje? ¿Cómo sabes si tu bebé está listo? ¿Podemos superar los nuevos conocimientos de higiene personal?

Hay pocos padres listos para este proceso que lleva mucho tiempo. Paralelamente, algunos niños aprenderán en un par de días, mientras que muchos otros pueden tardar meses. Incluso cuanto antes empiece el entrenamiento, al contrario de lo que se cree, más tiempo tardará el niño en aprender.

Por lo tanto, es aconsejable tener en cuenta algunos consejos indicadores de que tu hijo está dispuesto a dejar el pañal y aprender a ir al baño, y luego completar los pasos de entrenamiento básico con éxito.

¿Cuándo empezamos a intentarlo?

No hay una edad precisa en la que el niño esté dispuesto a dejar el pañal. Sin embargo, la mayoría adquiere entre los 18 y 24 meses las habilidades físicas y cognitivas requeridas. Pero muchos padres prefieren esperar a los dos años y medio o tres.

La decisión de los padres de tomarse su tiempo para emprender el aprendizaje del uso del baño es la correcta, ya que si comienzan antes de que el pequeño esté listo, el proceso suele ser más largo. Recuerden que el niño no controla el aprendizaje para el uso del baño antes del año, e incluso aquellos que muestran signos de estar listos pueden no estarlo.

De igual manera, los padres suelen elegir el verano para empezar a dejar el pañal porque, para estos fines, es más práctico y cómodo porque el bebé puede estar con las nalgas al aire, acelerando los procesos urgentes y evitando la hecatombe que provoca fugas mínimas.

Señales para iniciar a dejar el pañal

Señales físicas

- Tiene suficiente equilibrio y coordinación para caminar, e incluso tiene estabilidad al correr.
- Ya no orina por un tiempo, pero lo hace en cantidad y de inmediato.
- Empezó a presentar heces blandas pero, sobre todo, bien formadas.
- Se las arregla para mantenerse seco por lo menos de tres a cuatro horas.

Señales de comportamiento

- Puede sentarse y mantener la posición durante dos o cinco minutos.
- Le molesta tener un pañal sucio.
- Es curioso e intenta imitar a los adultos cuando van al baño.
- Expresa desde el cuerpo que está haciendo sus necesidades (hace ruidos, se inclina, o lo manifiesta).

Señales cognitivas

- Obedece instrucciones simples.
- Usa palabras capaces de definir las evacuaciones intestinales y la orina.
- Reconoce la hora de ir al baño ya que percibe las señales físicas. De hecho, es capaz de anticiparse al hecho.
- Pasa la prueba del cristal. En pediatría se dice que si se le dan al niño dos vasos, uno de ellos con agua y el niño puede transferir tranquilamente el líquido de un vaso al otro sin derramarlo, significa que los esfínteres están listos para comenzar el proceso de aprendizaje.

Deja el pañal, paso a paso.

- Consigue los artículos necesarios

Lo primero que hay que hacer es elegir una silla con orinal adecuados, u otro asiento de inodoro flexible en el baño, según lo que sugiera el pediatra del niño. Sea cual sea la opción, comprueba siempre que esté seguro y relajado, así como cuando el niño tiene contacto con el suelo.

En el caso del adaptador para inodoro, por favor también compra un taburete para que tu hijo pueda apoyar los pies en el suelo, porque esta pequeña y fantástica característica no sólo le permitirá subirse y bajarse rápidamente del inodoro, sino que también le dará fuerza y estabilidad, así como la capacidad de moverse mientras evacua.

Para el pequeño, esa etapa requiere mucho tiempo, paciencia y concesiones. Y que decore su orinal con pegatinas o cuando quiera jugar con él. Y no olviden usar las figuras de caricatura favoritas de su hijo para hacer ropa interior. Cuando se trata de ropa interior, los padres suelen decidir entre calzoncillos o pantalones de algodón o los modernos pañales desechables que suben y bajan como los vaqueros porque facilitan que el bebé se los ponga y se los quite por sí solo.

Explícale el proceso, muéstrale cómo se hace, y dile adiós al pañal.

Y ahora, sí, ¡es hora de empezar! Primero, coloca el orinal en un lugar accesible y cómodo, preferiblemente donde el niño pase mucho tiempo del día, para que esté a mano, disponible cuando el niño quiera usarlo.

Dile a tu hijo que los adultos no usan pañales, pero que deben hacer sus necesidades en el baño, haciendo hincapié en la relación entre sus movimientos intestinales y el inodoro. Incluso si se ensucia el pañal, puede llevarlo al orinal, sentarlo y recordarle que lo haga.

No te preocupes o te enfades si no quiere sentarse y nunca le obligues a sentarse o te presiones para que te precipites en un proceso que requiere tiempo y dedicación. Evita que el niño se sienta presionado, ya que es un factor que tiende a ralentizar el proceso.

En esta etapa, dígale a su hijo que le está enseñando a aliviarse, como hacen mamá y papá. Recuerde que los niños aprenden a imitar a los adultos, así que la manera más efectiva de ayudarlos en esta lección es observando cómo se hace.

Cuando le enseñe a su hijo a usar el baño, es una buena idea explicarle lo que está haciendo y mostrarle que se limpia, se viste, lanza una cadena y finalmente se lava las manos. Verte hacer esto le ayudará a entender el proceso.

Ten en cuenta estos detalles, dependiendo del sexo de tu hijo: si tienes un niño pequeño, se recomienda que empiece a orinar sentado y luego se le enseñe a orinar de pie. Si es una niña, asegúrate de que se limpie de un lado a otro para reducir el riesgo de infecciones de transmisión sexual.

Motivarlo a dejar el pañal

Deja claro a tu hijo que puede acudir a ti siempre que necesite ayuda para usar un interruptor o un adaptador para el inodoro o para subir y bajar los pantalones o la ropa interior. Además, recuérdale que puede usar esos elementos cuando quiera.

No olvides que cuanto más tiempo esté tu hijo sin pañal, más rápido aprenderá. Sí, incluso si estás dispuesto a limpiar un accidente ocasional. Cálmese e invítelo a sentarse por lo menos un minuto; mientras le hace compañía y le lee libros de cuentos.

Por supuesto, siéntete libre de adular y alabar al chico cada vez que el orinal se use correctamente. Entenderán, de esta manera, que este aprendizaje implica logros. Sin embargo, sé moderado y no exageres la celebración porque, después de tanta atención, el bebé puede empezar a ponerse nervioso o avergonzado.

Toma sus "accidentes" con calma y humor.

No cualquier niño domina el arte de ir al baño solo sin tener un "accidente" ocasional. No te enfades por cada resbalón; no castigues ni regañes. Es posible que tu hijo aún no haya desarrollado completamente sus músculos para retener la orina y los movimientos intestinales.

Puedes reducir el riesgo de derrames vistiendo a tu hijo con ropa rápida y fácil de quitar. Si no puedes evitar un accidente, mantén una actitud positiva y cariñosa mientras limpias el charco, recordándote que debes usar el baño.

En resumen, tarde o temprano, tu hijo aprenderá a dejar el pañal e ir al baño solo, y toda esta abrumadora etapa no será más que el recuerdo de otra batalla ganada como un padre dedicado y exitoso.

CAPÍTULO SEIS:
Resistencia al entrenamiento para ir al baño

Lamentablemente, el entrenamiento para ir al baño ocurre en un momento en que el niño aprende a tener más confianza. Tu bebé evitará por completo el entrenamiento en el baño, ensuciará su tela, tratará diferentes baños son diferentes cuidadores, y generalmente causará que el entrenamiento en el baño perjudique a los padres. Pero no te desesperes, aunque los padres sigan tranquilos y comprensivos y hagan divertido el entrenamiento del uso del orinal, todavía puedes seguir adelante.

En primer lugar, asegúrate de que tu hijo esté listo y prepares el entrenamiento del uso del orinal. Estos dos pasos son la base para un rápido entrenamiento sin estrés. Pero, muchos niños todavía van a resistirse, así que no eres el único si a menudo tienes un niño que grita o alguien que te contesta (es una buena oportunidad para conocerlo como adolescente). Negarse a usar el orinal puede ser frustrante; incluso si se "mantiene" en no usarlo durante largos períodos de tiempo, puede tener verdaderas consecuencias para la salud. No hay que dudar en contactar con el pediatra si hay un largo período de resistencia.

Recompensar a tu hijo es una forma positiva de hacer que sea menos terco en el ciclo de entrenamiento. Haz que él o ella te ayude a elegir los premios. Visita la juguetería local, por ejemplo, y compra ciertos artículos nuevos que tu hijo no tendrá hasta que se cumplan ciertos objetivos. También puedes discutir con tu hijo lo que puede hacer si logra usar el orinal (quedarse en la noche con la abuela, asistir a la escuela, visitar a los amigos, etc.). La clave está en la búsqueda de una buena formación.

Es posible que tu hijo tenga miedo de usar un asiento con orinal. Usa un orinal y decore el sillón con calcomanías. Por ejemplo, algunos niños tienen miedo de que el sonido de la cisterna del inodoro sea muy fuerte. Espera a que tu hijo salga de la habitación para tirar de la cadena, o si el mismo lo hace, incluso si lo hacen en determinados momentos del día. También es posible que desee que su hijo observe cómo sus hermanos mayores y su familia utilizan el inodoro para demostrarle que no tienen miedo.

Es aceptable castigar al niño si cree que está equivocado. Debes castigar a tu hijo si, por ejemplo, no te dejara cambiar su tela sucia, aunque si te dijera cuándo tienes que irte. Intenta castigar la mala conducta, como golpear o tirar las cosas.

El castigo, por otra parte, no es adecuado para las lesiones. Recuerde que puede que no se sepa que su hijo tiene que sacarse la ropa. Incluso con niños mayores, a veces ocurren accidentes, especialmente cuando se distraen con la orina durante el juego hasta que es demasiado tarde para ir al baño. Intente comprenderlo para que su hijo no se resista más a usar el baño.

Hay muchas herramientas disponibles en el mercado para disfrutar del entrenamiento en el uso del orinal. Su hijo no será tan reactivo si lo convierte en algo divertido, y el ciclo es mucho más rápido. Utilice una variedad de juegos, canciones y actividades para enseñar a su hijo a usar el orinal, recuerde que cada niño es diferente y aprenderá a usar el baño a su velocidad.

¿Qué haces si no entrenas en el baño?

¿Te estás golpeando contra un muro? ¿Lo estás haciendo? ¿No progresa realmente su hijo a pesar de los numerosos esfuerzos que ha hecho? ¿Le permitiría usar el orinal en lugar del suelo? ¿Debería hacer berrinches?

Desgraciadamente, puede que hayas elegido el momento equivocado para entrenarlo. Evalúa su entrenamiento para asegurarte de que muestre cualquier signo de estar emocionalmente listo para ir al baño.

Cuando no quiera empezar a entrenar a ir al baño en 3 días, podría ser más fácil refrescarse y esperar unas semanas. Antes de que su hijo esté listo, no importa lo que usted haga, no puede ir al baño.

Por otro lado, ¿su hijo es profundamente receptivo a los conceptos de la educación en el baño pero con problemas de rendimiento? Intenta caminar con su juguete favorito por sus movimientos.

- **Paso 1: Ponga** en su muñeca favorita algo de su nueva ropa interior y déjelo que la quite si está de acuerdo en que la muñeca haga uso del orinal.
- **Paso 2: Coloca** el juguete en el orinal y asegúrate de disfrutar de la victoria del juguete cuando el juguete esté efectivamente "orinando".
- **Paso 3: Dígale a** su bebé que también puede celebrar cuando el pueda usar el orinal. Una pequeña fiesta debería ser adecuada para inspirarlo.

¿Está su hijo en la guardería? Aquí hay una pregunta. Si es así, asegúrese de que tanto usted como el personal enseñen a su hijo en su guardería de la misma manera. Cuando reciba un entrenamiento diferente durante el día, entonces regresa a su casa para un método de enseñanza completamente diferente que puede explicar por qué no está progresando.

Asegúrate de que trabaja del mismo en la guardería para que nadie lo confunda. Cuando le enseñen a su hijo a ponerse de pie, pídale que lo entrenen como lo hace usted, o que cambien a su sistema. El entrenamiento de orinales para niños es bastante confuso y estresante, ¡así que trate de mantenerlo lo más fácil posible! Su hijo puede confundirse y frustrarse si le da demasiadas instrucciones contradictorias.

Ahora bien, a menudo no permitas golosinas, pero puede ser una merienda para que su hijo vuelva al entrenamiento del uso del orinal. Algunos dulces o pequeños juguetes lo motivarán y animarán. Cómprenle fotos de libros sobre el uso del baño o de series de programas de entrenamiento para niños.

Todo esto se trata de un aprendizaje inspirador y efectivo para sus hijos. Los ejercicios del uso del orinal son un evento increíblemente estresante para los niños, y no lo malcriará si se trata de tener algunos dulces o juguetes extra.

No se desanime a esperar unas semanas si tiene que interrumpir el ejercicio de su hijo. Podría hacer algo peor que perder su propio tiempo si sigue adelante con su entrenamiento sin comprobar el progreso de su hijo. Si no le presta atención, puede hacer que su hijo deje de usar el orinal.

El secreto del entrenamiento fácil y rápido de su hijo es esperar hasta que esté listo para este ciclo física y emocionalmente. Si ha tenido un evento estresante como una reubicación, una guardería, o un hermanito o hermanita traída a su vida, entonces puede que no esté listo para hacer otro gran cambio en este momento. No hay nada malo en esperar a que su hijo se abra más al cambio.

Ningún chico puede aprender a ir al baño hasta que esté listo. En este caso, su hijo tiene todo el control. Puede dirigirse a sí mismo con cuidado, pero no puede usar el baño. El entrenamiento se trata de paciencia, compostura y de dejárselo claro a sus hijos.

Sólo retrasará su llegada a esto por sí mismo si lo obliga o le grita. Vive allí y déjalo crecer sin presión excesiva. ¡Hay una razón por la que apenas se necesitan 3 días de entrenamiento en el baño cuando sabes que es el momento adecuado para intentarlo!

¿Lo principal? Asegurarse de que su hijo esté preparado para el entrenamiento del uso del orinal. Si cree que lo está, avgeriguelo antes que todo.

CAPÍTULO SIETE:

Cosas que hacer y no hacer en el pre entrenamiento para ir al baño

Lo ideal es que su hijo pueda practicar eficazmente el uso del orinal en algún momento entre varios días o meses. Pero, si sólo quiere dominarlo en tres días, puede concentrarse en los ejercicios de orinal. A menudo, la gente le dice cómo enseñar a su hijo a ir al baño, pero nadie le dice cómo empezar el proceso. Después de todo, el comienzo es lo que apoya o no al niño y también decide si los padres pasan un mal rato con sus hijos.

Puede que nunca hayas oído hablar del entrenamiento para ir al baño. Esta es una de las partes más importantes del proceso del entrenamiento, y si no se toma en consideración, las acciones terminarían en un gran fracaso. Recuerda lo que hiciste antes. Puede que hayas tenido tu parte de estudio y los mapas de premios, señales y todo lo que necesitas. Sin embargo, el niño todavía no podía entender correctamente. Es porque todos los comerciales fueron comprados fácilmente y nunca fueron explotados en su totalidad.

También reflexionará sobre este momento si ha empezado a pensar en lo que es correcto para que su hijo empiece a entrenar en el uso del orinal. Le ayudaría mucho durante los tres días de entrenamiento en el orinal, y estaría completamente libre de los mismos dolores de cabeza. La lista de verificación de los ejercicios previos al uso del orinal se encuentra a continuación.

Lo que se debe hacer en el entrenamiento previo al uso del baño

Tu hijo no tiene que empezar a hacer ejercicios en el baño a la edad de un año. Preferiblemente espera hasta que tenga al menos dos años y medio para obtener los mejores resultados.

Aprenda a reconocer los pequeños logros de su hijo. Los planes de préstamos o bonificaciones le permitirán hacer un mejor trabajo que puede ser compensado. En ausencia de eso, el niño puede sentirse atraído por algo que no quiere hacer.

Busca las "señales" para saber si quiere empezar a entrenar en el baño. A ellos no les gustará la ropa sucia e incluso intentarán decirte que tienen que usar el baño. Vé estas señales.

Si tienes niños mayores en casa con para completar el entrenamiento del uso del orinal con éxito, muéstrales y diles que puedes hacer lo mismo.

Cambiar de padre. Es más fácil para ti dejarle el trabajo a tu hijo si crees que no se siente cómodo al oír lo que intentas decir y se inclina más hacia el otro padre. A menudo, los niños se inclinan más que los demás hacia uno de los padres. Debería aprovechar esto y sobresalir en el programa de entrenamiento de tres días para ir al baño.

Lo que no se debe hacer en el entrenamiento previo al uso del baño

No lleve a su hijo por ahí. No presione a su hijo. De ninguna manera esto les beneficiaría. En su lugar, comenzarán a alejarse de usted y disminuirán su atención en el entrenamiento para ir al baño. El programa de tres días de práctica en el baño que está a punto de seguir resultará muy problemático.

Mientras que usted necesita aprender a recompensar a sus hijos, olvídese de comer o jugar con él. El buen ejercicio debe ser un éxito, pero su hijo no siempre puede usar el baño con anticipación. Y si no tiene que lavar sus accidentes o incluso pasar algún tiempo quitándose la ropa apestosa, tiene que crear incentivos que no se pueden obtener siempre u optar por recompensas intangibles, como pasar una hora más jugando con ellos.

No hagas que tu hijo se comporte siendo un padre estricto. Esto destruiría su instinto natural de involucrarse en cosas nuevas, e incluso podría abandonarte. Si no puede entender su idioma, pruebe nuevas formas de hacer que su hijo entienda que es importante para usted.

Algunos niños florecen tarde, lo que podría ser incluso más tarde que los otros.

CAPÍTULO OCHO:

¿Cuándo es la edad más segura para empezar a entrenar para ir al baño?

Para todos los niños, la edad apropiada para empezar a usar el baño es diferente, pero aquí hay algunas pautas para casi todos los niños, que los padres deben seguir para decidir si pueden empezar a usar el baño.

Edad promedio de inicio:

Según lo determinado por la Academia Americana de Pediatría, la edad promedio del cuerpo de los niños para regular sus movimientos de vejiga e intestinos con regularidad es de 18 a 22 meses.

Los investigadores de la Academia de Pediatría están de acuerdo en que la mayoría de los niños ya tienen un control adecuado sobre sus músculos voluntarios y son capaces de percibir las señales del sistema nervioso para empezar a predecir cuándo necesitan ir al baño y expresárselo a sus padres.

Aunque su hijo tenga la edad acordada o habitual para ir al baño, esto no significa que se deba tener el máximo de 22 meses para iniciar el entrenamiento para ir al baño.

Cada niño tiene una forma diferente de entrenarse en el baño. La mayoría de los expertos en desarrollo infantil creen que la mayoría de los niños serán completamente educados en el uso del baño a los tres años de edad.

Puntos clave requeridos:

El punto clave de crecimiento de un niño antes de ir al baño puede comenzar con la autoconciencia de su cuerpo y cuando puede empezar a leer las señales para que lo que su cuerpo le dice.

Antes de los 18 a 20 meses de edad, la mayoría de los bebés y niños tienen poco o ningún control sobre muchas funciones corporales, mientras que la espera para que el cerebro controle el cuerpo está más o menos en piloto automático.

Una indicación cuando te acercas a esa edad en tu hijo es que te avisan si el paño está sucio en vez de cuando lo recoges o lo pruebas tú mismo.

Si llegan al punto de decirle "que tiene que irse ahora" en lugar de esperar a que termine, esto debe ser tomado como un logro significativo, y el entrenamiento para ir al baño debe iniciarse lo antes posible.

Esa capacidad de decir:

A) vas a ir,

B) compartirán sus necesidades contigo y

c) Tienen suficiente capacidad para "jugar" durante un breve período de tiempo, lo cual es una buena señal de que el entrenamiento para ir al baño comenzará lo antes posible antes de que surjan los malos hábitos.

Otra fantástica señal es cuando tú, hijo o hija, empieza a caminar solo y te subes y bajas tus propios pantalones, ya que es una habilidad necesaria para llegar al baño solo y también para bajarse los pantalones y sentarse en el inodoro.

Mira las señales de "El Niño", no hay un mapa de ruta fijo.

Así como no hay una edad fija en la vida de un niño para caminar, escribir, leer o algún otro logro, tampoco hay una edad fija en la que pueda usar el baño en modo completamente calificado o cuánto tiempo se tarda en hacerlo. Cada niño es ligeramente diferente en cualquier situación.

Como mencioné anteriormente, se requieren varias señales para decidir si está listo para comenzar su viaje hacia el entrenamiento completo del uso de los orinales. Si sabe que estas señales existen y su hijo es capaz, ahora es el momento de empezar un serio entrenamiento en el uso del orinal.

Consejos para su niño ocupado

Cada padre debe experimentar el entrenamiento de su hijo para ir al baño. Es un momento emocionante en la vida de una familia cuando los pañales ya no están, pero a veces puede ser abrumador. Hay muchas estrategias diferentes, pero todas ellas tienen algunas soluciones. Estos consejos esenciales y útiles serán discutidos en este post.

El entrenamiento para ir al baño no funcionará hasta que su hijo esté listo. Compruebe que su hijo esté listo antes de empezar. ¿Su hijo es capaz de ir al baño durante al menos dos o tres horas? ¿Es su hijo consciente de la sensación de estar mojado o sucio? ¿Su hijo participó en actividades relacionadas con el uso del baño? ¿Tiene su hijo la edad suficiente para entender los conceptos básicos? Deje que su entrenamiento en el orinal empiece si ha respondido SI a esas preguntas.

Cuando encuentre a su hijo listo, añada algunas ayudas visuales. Las imágenes significan para ellos más de lo que las palabras podrían haber sido. Los diagramas y los libros también pueden ser herramientas útiles para el viaje del entrenamiento en el uso de los orinales. Deje que su hijo vea, mientras se sienta en el inodoro, lo que hará. Para describir las cosas, dibújelo o use el libro relacionado con su edad. Esto hará que el proceso de aprendizaje sea más simple y también que el entrenamiento sea más rápido.

Cuando le enseñe a su bebé lo que debe hacer en la ducha, intente decirle cuándo tiene razón. Las recompensas pueden ser útiles para algunos niños. Encuentra algo que te guste y daselo a tu hijo para que se siente en el inodoro en cualquier momento. Luego cambie la recompensa también si se va a orinar o a ducharse.

Otra forma perfecta de hacer del baño un lugar agradable es hacer que tu hijo se interese por el orinal. Compra un asiento de orinal con uno de sus personajes favorito. También puede ser útil el añadir música o un tono de descarga. Además, siempre que ponga a su hijo en el orinal, ofrézcale su libro favorito. Ayuda a hacer que el tiempo en el baño de su pequeño sea divertido. Esto también le permitirá quedarse más tiempo, haciendo que sea mucho más fácil hacer sus necesidades.

Por último, tenga en cuenta que no es necesario hacer el entrenamiento del uso de los orinales durante la noche. A veces puede que tengas que dejar de entrenar durante un tiempo, incluso si lo haces todo correctamente. Cuando tu hijo tiene un nuevo evento o si una enfermedad ha llegado a la casa, es posible que el entrenamiento en el uso del orinal no funcione tan bien. Tómese el tiempo necesario para evaluar los acontecimientos de la vida de su hijo y, si es posible, déle un respiro. Esto puede ayudarle a evitar sentirse frustrado y a evitar que el entrenamiento en el baño se convierta en una tarea difícil. Siempre puede retomar el tema donde lo dejó cuando sea el momento adecuado.

El entrenamiento para ir al baño es un evento único y especial en la vida de cada niño. Sin embargo, en la vida de una madre, también puede parecer un período difícil porque no todos los niños responden de la misma manera a los entrenamiento en el uso del orinal. En este informe, tratamos algunos consejos seguros para ayudar con el entrenamiento. Añada estos consejos, y su hijo seguramente verá el éxito independientemente de su sistema.

CAPÍTULO NUEVE:
Cuando es el momento de dejar los pañales

Es natural que se excite y se sienta aprensivo cuando su hijo se acerca a la edad de ir al baño.

¡Suena como algo maravilloso el dejar los pañales!

Pero escuchas todas las historias de horror del baño, y estás francamente preocupado.

Ni siquiera sabes por dónde empezar. Tú sabes dónde. ¿Tiene que sacar a su hijo del cuadro y llevarlo exclusivamente? Parece un desastre esperando a surgir en algún lugar.

¿Qué hacer? ¿Qué hacer?

Antes que nada, relájate.

El entrenamiento de la ropa interior no es tan difícil como parece, sobre todo si primero se prepara con algunos pequeños detalles.

Hable de esta manera. Su bebé seguirá sus indicaciones y se relajará si usted está seguro de los próximos pasos a seguir. Por lo tanto, hablemos de la transición de la ropa a la ropa interior para niños.

Asegúrate de que esté listo.

No te metas con él. No debe empezar a entrenar hasta que sepa
que su hijo tiene señales normales y claras de preparación para
el entrenamiento en el uso del baño. No puede hacer que su hijo
vaya a la escuela, hablar o sobornar.

Si, a pesar de que ahora sabe que su bebé no está listo, ya ha
empezado a practicar, no se asuste. Esto solo significa que su
hijo puede tomarse más tiempo para aprender. Va a llegar allí
de todos modos. ¡Te lo garantizo! ¡Lo garantizo!

Haciendo el cambio.

Los pantalones de los niños pequeños son cálidos y cómodos y
hacen que el bebé se sienta húmedo o sucio cuando hay un
accidente.

El uso durante todo el día es más ligero y sencillo para que su
hijo (más como la ropa interior de los adultos) se levante y se
baje, pero al final no conlleve lesiones.

Los pantalones de plástico pueden ser usados para evitar
accidentes a través de cualquiera de estas opciones. Sin
embargo, los desastres van a ocurrir. Muchos de los niños están
equipados con telas exteriores impermeables. Por supuesto,
estas opciones se pueden lavar.

Suena bien. Pero por mucho que sea conveniente - es como un pañal para ti - también es conveniente para tu hijo. La diferencia entre los pantalones desechables para niños y los de plástico no puede ser explicada a la mayoría de los niños. Ambos usamos ropa.

Esto dificultará enormemente el entrenamiento de tu hijo para ir al baño.

Una vez que enseñé a mis cuatro niñas a usar el baño, tuve la suerte de cambiar los pañales ñ cuando el primer entrenamiento se llevó a cabo. Mis hijos estaban muy contentos de llevar ropa interior de niño grande / niña grande, y aunque tuvieron un accidente, siempre entendieron el mensaje perfectamente.

Mis hijos asumieron que este era sólo el siguiente paso en su crecimiento y, por lo tanto, otro acontecimiento emocionante.

¿Hemos tenido choques? Definitivamente. ¿Has aprendido a dar vueltas sin caerte o de la noche a la mañana? No definitivamente. El entrenamiento en el baño es sucio y doloroso; eso es parte de lo que ayuda al niño a hacerlo y llegar al punto menos notorio y desagradable para él.

Recuerda que gran parte de la crianza de los hijos va a ser incómoda y desagradable. En este momento, dejarle saber a tu hijo que sabes que es lo mejor y que debe ser escuchado, les beneficiará a ambos a medida que crezca.

El entrenamiento de la ropa interior para el uso del orinal es sólo el primero de muchos desafíos que enfrentaran juntos.

Gráficos para el entrenamiento en el uso de los orinales

Los cuadernos de ejercicios para el baño son una gran herramienta si tu hijo está haciendo ejercicio para ir al baño. Sin embargo, muchos niños se aburren después de un rato, y su manga puede ser útil para ciertos propósitos únicos.

Aquí hay nueve divertidas y variadas maneras de usar sus tablas de recompensa para el entrenamiento.

1. Iniciar un pequeño y divertido concurso. Envía un mapa de tareas, un mapa de conducta, o - si lo deseas - una tabla de orinales a otros miembros de tu familia. ¿Quien puede llenar el mapa lo más rápido posible? ¿O quién está mejor cualificado para hacer el trabajo? Este equipo deportivo sería mucho más importante para su hijo que ir solo.

2. Asegúrese de que su bebé pueda ver los efectos del diagrama de entrenamiento para ir al baño en una tabla diferente cada semana. Mantenga el mapa despejado y ayude a su hijo a pasar

sus propios logros. Mirará justo delante de él en su inodoro de entrenamiento!

3. Si eliges una tabla de entrenamiento de cerámica diaria o semanal, añade "ooh" y "aah" cuando se haga en una pared grande o en un tablón de anuncios para toda la familia.

4. Además de mejorar sus habilidades para ir al baño, añada al mapa de los orinales los elementos que harán que su hijo probablemente tenga éxito. Cosas como abrazos, frutas, decir "por favor" o "gracias". Muchos días pueden ser difíciles de lograr el éxito en el entrenamiento, pero él puede notar que cada día se logra algo para satisfacerlo. Esto puede ayudar a un niño pequeño a aguantar y a no rendirse prematuramente.

5. Recorta algunos de los diagramas de cada día o semana y añade una historia. El objetivo aquí es mantener el interés en las tablas de entrenamiento, lo que a su vez ayuda a mantener un alto nivel de interés en el entrenamiento del uso de los orinales.

6. Carta de baño de color diferente cada día o semana. Negro, rojo, amarillo, etc... Tenga una semana azul. Explique que todos los colores del arco iris son necesarios. Mantenga los gráficos en una carpeta separada para ver su cumplimiento.

7. Muñecas bebé, peluches o figuras de acción, ayudan en el mapa de entrenamiento para ir al baño. En nuestros hogares, funcionó muy bien. Deje que su bebé entrene con su muñeco de

acción o su peluche favorito. También aprenderá lo que su hijo piensa del proceso de uso del orinal y puede aclarar cualquier malentendido cuando su hijo está 'enseñando' a su aprendiz.

8. Rellena la parte inferior de tu tabla de entrenamiento de orinales con tiras. Cuando el proceso de la tabla de baño sea más fácil para tu chico, por favor rellena la tabla y lleva una tira para cambiarla por una golosina o un beso. O recoja las tiras en una bolsa o contenedor para obtener un premio mayor. El progreso para un bebé es a menudo medible.

9. Adjunte impresiones digitales de su hijo o de sus juguetes o amigos favoritos para personalizar sus mapas. Siempre es divertido ver lo que resuena en un niño de dos o tres años y hacer que vuelva a participar en el entrenamiento para ir al baño.

¡Aquí lo tienes! Nueve ideas únicas y divertidas para usar sus mesas de entrenamiento del uso de los orinales gratis. Mantén a tu hijo interesado y entusiasmado con el entrenamiento para ir al baño, y en poco tiempo, estarán libres de la carroña.

Libros para dejar el pañal

Todos los niños pasan por una etapa en la que palabras como caca, culo o pis son extremadamente divertidas mientras creen que son palabras prohibidas. Por esta razón, a continuación, les dejamos una selección de libros cuyo tema principal son estas palabras de las que estamos hablando. También es una serie de libros aptos para ser usados cuando los niños están en la etapa de dejar el pañal.

Los pequeños disfrutarán y se divertirán con estas divertidísimas historias que les mostrarán que todo este tema es mucho más común de lo que parece.

- **Todos hacemos la caca**

Este libro de pañales para niños es un bestseller mundial después de haber vendido más de un millón de copias. Es una historia muy simple, con poco texto, dejando así la importancia central a las ilustraciones. Esta historia, además de su simplicidad, también se destaca por ser muy directa, ya que trata el tema de las heces de una manera completamente normal.

Además, este libro será una delicia de los pequeños, ya que sus protagonistas son animales. Cada página mostrará las diferentes formas, colores e incluso olores que tienen las heces de cada animal.

Una vez que hayamos conocido este tema en los animales, se mostrará a todo tipo de personas. En resumen, un fantástico álbum ilustrado para que los niños se den cuenta de que absolutamente todos los seres vivos deben aliviarse.

- **¡No tires de la cadena!**

Si somos sinceros, el tema escatológico llama mucho la atención
de los niños; por eso este libro informativo se convertirá en una
aventura para ellos.

A pesar de ser un libro recomendado para niños mayores que
pueden leer por su cuenta y entender algunos conceptos, es un
libro ideal para descubrir cosas nuevas.

Junto con "El equipo de la caca", el niño descubrirá la
importancia que tenía el pis o la caca en la antigüedad para
crear medicinas o productos de belleza, entre otras cosas.
Además, se mostrará por qué se siguen utilizando hoy en día en
nuestras vidas. Un libro fascinante que mostrará las pequeñas
cosas totalmente desconocidas, en la mayoría de los casos, para
ellos.

- **El topo que quería saber quién le había hecho
esto a su cabeza**

Otro de los mejores libros para dejar el pañal es este que tiene
un topo como protagonista. Un día el topo salió de su
madriguera, "una cosa marrón" cayó sobre su cabeza. Muy
enfadado, empezó a preguntar a todos los animales con los que
estaba si habían sido ellos. Pero todas las respuestas fueron
negativas. ¿Llegará el topo a saber la verdad?

En este sentido, le aconsejamos que se haga con el libro en un formato pop-up. El movimiento del personaje y "su cosa en la cabeza" te hará reír sin parar.

- **¿Puedo ver tu pañal?**

Uno de los libros de pañales más sencillos que le gustará a los niños. Es una historia dinámica y divertida, ya que permite al lector interactuar con la trama a través de las pestañas que se incluyen en las páginas del libro.

El protagonista de esta historia es un ratón llamado Mouse, que tiene la característica de ser muy curioso. Y es que al Ratón le gusta mirar lo que hay dentro de los pañales de sus amigos, que también son animales, como un perro o una vaca. De esta manera, el editor de SM quiere estandarizar todo lo relacionado con el proceso de hacer caca y hablar de las heces.

Trucos efectivos para dejar el pañal

Los niños dejan el pañal cuando han alcanzado un cierto grado de madurez psicológica y fisiológica. Sin duda, conseguir que los pequeños alcancen una independencia tan importante es un objetivo a veces difícil para los padres, por lo que es muy útil conocer los siguientes trucos para dejar el pañal.

Como premisa, antes de intentar que el niño deje el pañal, es bueno recordar que educar el esfínter del pequeño es una tarea que requiere mucha paciencia. Por lo tanto, al probar los consejos que le daremos su buena disposición será muy útil.

¿Cuándo está listo el niño para dejar el pañal?

Debemos comenzar indicando la edad en la que el niño comienza a mostrar que puede dejar el pañal. Como mencionamos antes, este es un proceso individual que depende de la madurez del niño; en promedio, a partir del año y medio de vida, pueden estar listos para realizar las primeras pruebas.

Hay algunas señales que pueden ayudarnos a identificar si el niño está listo para dejar el pañal. Estos son:

- Camina solo.
- Dice que tiene un pañal sucio.
- No ensucia el pañal durante períodos de tres horas.
- Orina o defeca a la misma hora todos los días.
- Cruza las piernas antes de orinar, toca el pañal o se agacha.
- Puede quitarse los pantalones, el mono y la ropa interior él mismo.

Si su hijo muestra estos signos, puede empezar a aplicar los trucos que le daremos.

Trucos para dejar el pañal

- No esperes a que el niño pida ir al baño.

No debes esperar hasta que el niño anuncie que quiere ir al baño. Esto es muy raro y generalmente ocurre hasta un año después de que empiecen los ensayos de retirada de pañales. Es mejor sentarlo en el orinal o en el adaptador del inodoro y crear gradualmente el hábito.

- Prepara el lugar para ir al baño

El primer paso para que el niño deje el pañal es poner el adaptador para el inodoro en el baño o comprar el orinal. Si ya sabes las horas en que el niño orina o defeca, puedes sentarlo en el orinal y acompañarlo mientras lo distraes con canciones.

También, felicítelo después de que haya logrado orinar o defecar; eso lo hará sentirse animado y orgulloso.

- Permitiéndole entrar en el baño

Es importante que el niño pueda entrar en el baño, acompañado de un adulto y que observe este espacio como un lugar familiar y recurrente. Como los niños aprenden por imitación, si observan a los padres cuando van al baño, se les puede animar a repetir la hazaña.

"Conseguir que los pequeños logren una independencia tan importante es un objetivo difícil para los padres; por lo tanto, es muy útil conocer varios trucos para dejar el pañal"

* Permita que el niño elija su ropa interior

Los niños a menudo se sienten muy animados cuando ven que pueden usar una nueva prenda y que también se adapta a sus gustos. Cuando se les permite elegir la ropa interior que van a usar y se les habla de la importancia de llevarla siempre limpia, el niño la asociará automáticamente con las deposiciones. Así, comenzará a advertir o indicar cuándo quiere ir al baño.

* Un niño nunca debe ser castigado o regañado por usar el baño.

Si el niño ya ha empezado a usar el baño o el orinal y orina o defeca en su ropa interior, no se le debe gritar ni reprender. La actitud correcta es cambiar y limpiarlo rápidamente para que no se sienta avergonzado; entonces, hay que animarlo a seguir intentándolo.

* Los niños deben aprender a orinar sentados primero

Para las primeras pruebas con el niño, es mejor empezar a enseñarle a orinar sentado. Para él, será mucho más cómodo; además, puede aprovechar la oportunidad y también defecar.

Cuando el niño haya dominado completamente su cuerpo para ir a los momentos deseados y tenga una altura adecuada en relación con el inodoro, puede empezar a practicar la micción de pie.

En última instancia, debes saber que enseñar a un niño a ir al baño solo requiere mucha consistencia. Además, una vez que empiezas, no hay vuelta atrás.

Si ya has quitado el pañal, no debes ponérselo de nuevo; debes sentarlo en el orinal varias veces al día, debe ser una tarea a la que no debes renunciar. Ahora a practicar, ¡y buena suerte!

El momento de dejar el pañal no lo elige el maestro.

Los padres empiezan a usar diferentes métodos cuando el niño tiene dos años para ayudarlo a dejar el pañal. Solía gastar seis pañales al día, pero el uso de pañales empieza a disminuir gradualmente. La esperanza es que llegue el día en que el bebé pueda ir al baño por sí mismo. Sin embargo, pocos padres están pacientemente dispuestos a hacerse cargo de esta operación. Es un trabajo que requiere mucho tiempo, disposición y dedicación.

Tenemos que tener en cuenta que necesitas saber el momento adecuado para iniciar este proceso. Dependiendo de su edad, el niño aprende despacio o rápido, cuanto más pequeño sea, más tiempo tardará en aprender. También se aconseja que utilice estrategias tales como que el bebé deje el pañal alrededor de los dos años de edad.

Las clases están llegando, ¿cómo puedo ayudarle a quitar el pañal?

Si se acerca la hora de que el niño vaya a la escuela, no es bueno que lo presione para que deje el pañal. Puedes empezar a enseñarle sin dificultad antes de ese período, y si no aprende antes de la escuela, no te preocupes. Cuando se sienta totalmente preparado, el niño dejará el pañal, pero si lo presionas, no aprenderá.

Puede ser muy difícil para él y para ti si empezamos a empujar como debe ser. Es importante mirar las señales que el niño te envía cuando está listo para aprender a dejar el pañal. Llama a esto entrenamiento del uso del orinal, y lo más común es que lo hagan niños de entre 2 y 3 años.

Sabemos que los niños no son lo mismo. Sin embargo, algunos niños empiezan a sentirse incómodos con sus pañales antes de tiempo. Normalmente se quitan por calor o por incomodidad, y deberías aprovechar la oportunidad que se te presenta. Es hora de aplicar los métodos para que su hijo empiece a hacer sus necesidades por sí mismo. Se recomienda tener mucho cuidado con los procesos de empezar a dejar el pañal, que son estos tres pasos.

- Cuando el niño informa que se ha orinado o hecho caca en el pañal.
- Expresa o anuncie el momento mientras lo hace.
- Avisa antes de hacerlo.

En primer lugar, lleva meses de preparación quitar el pañal, por lo que hay que dedicar mucho tiempo a ese proceso. El momento ideal es aquel en el que puedes dedicarte a ello, que ambos estén tranquilos, no se logrará con la presión. Por eso es importante que si tus familiares o el instructor te presionan, justifiques por qué lo hacen.

Un orinal cómodo para su hijo

El orinal es el objeto más utilizado por los niños para que puedan estar cómodos. Lo encuentran difícil en el baño porque está demasiado alto, además de ser peligroso para ellos. El primer entrenamiento es colocar un orinal en el lugar donde el niño está frecuentemente.

Puedes ponerlo en el baño, y tienes que dejarlo jugar con él, para que así pierda el miedo. Muéstrale que es un asiento, deja que se familiarice con este objeto, para que pierda el miedo. Ayudalo a incluirlo entre sus pertenencias y a usarlo específicamente para sus necesidades. Hay muchos modelos y colores divertidos disponibles en el mercado para elegir el sillón ideal.

Dejar el pañal es más fácil si...

- Eliges prendas fáciles de desabrochar. En estos casos, puede poner a su hijo o hija, pantalones o faldas elásticas de goma para que le sea más fácil quitárselas sin pedirle ayuda.
- La supervisión es importante. Principalmente para estar alerta si está haciendo algo malo. Por ejemplo, si se siente mal en el orinal o si sus pantalones no están bien bajados, podría ensuciarse.
- Los padres deben ser los guardianes. Ayudarle a dejar el pañal es el trabajo de un padre. No permita que los profesores intenten imponer un hábito en el que el niño no esté preparado. Felicite a su hijo cuando sea capaz de hacer un intento de aprender ya que es un esfuerzo para él e inculcarle hábitos de higiene personal.

¿Cómo ayudar a los niños a controlar los esfínteres?

El entrenamiento para ir al baño es algo que preocupa a muchos padres, especialmente cuando se trata de llevar a sus hijos a la escuela.

Dejar el pañal es un proceso lento y a menudo complicado, tanto para el niño como para los padres y maestros que lo rodean. Contra todo esto, no hay una edad exacta en la que todos los niños deban ser capaces de quitarse los pañales e ir al baño solos. Un niño en crecimiento es un mundo y adquiere sus habilidades a un ritmo específico, por lo que es necesario que los niños manejen los esfínteres.

Aunque es cierto que cuando el niño comienza la escuela a los 3 años, hay una cierta presión social, ya que a partir de ese momento, estará "solo ante el peligro". Ayudar a los niños a controlar el uso del baño no es una tarea fácil, pero con una serie de consejos que dejamos a continuación, podrá ir progresando poco a poco hasta llegar a la meta.

¿Cómo ayudar a los niños a controlar los esfínteres?

- La obligación de control al comenzar la escuela

Eso es menos preocupante en realidad de lo que te imaginas. Es cierto que deben haber adquirido el control de los esfínteres cuando los niños entran en la escuela, de lo contrario sería un caos. Pero el maestro siempre es consciente de que las necesidades básicas de los niños están bien cubiertas, por lo que no es obligatorio que el niño vaya al baño solo el primer día de clase.

Asimismo, debemos ser conscientes de que se enfrenta a un mundo totalmente nuevo para él y que los nervios les afectan tanto a ellos como a las personas mayores.

- Enséñales las palabras básicas y el baño

Lo más importante, primero, es que el niño identifique las palabras con los actos. Debes enseñarle qué es un pañal, qué es un orinal, cuándo está limpio, cuándo está sucio, cuándo es orina, etc. De esta forma, será más consciente de lo que está haciendo y de cómo puede ordenarlo más tarde.

Segundo, tienes que mostrarles el baño y explicarles que este es el lugar donde deben hacer sus necesidades. El inodoro no les gusta nada en muchas ocasiones, y eso no hace que quieran ir al baño. Hay algunas opciones en estas situaciones para ayudar a los niños a manejar sus esfínteres:

Usar un adaptador para el inodoro que les resulte atractivo.

Cómprales un orinal separado (que ellos mismos elijan) para que sea más divertido cuando tengan que usarlo.

- Viste al niño con ropa cómoda

Aunque parezca un aspecto al que no se le da mucha importancia, es importante ayudar a los niños a controlar sus esfínteres. Intentarás vestirlo lo más cómodamente posible cuando el niño salga del pañal y empiece a ir al baño solo.

La mejor opción es usar pantalones de chándal o pantalones que sólo estén sostenidos por una goma elástica para bajarlos sin los problemas de los botones o las cremalleras de en medio. Particularmente para la escuela, esta forma de ropa debe ser usada ya que es donde el niño puede ser visto con mayor presión.

- Lea historias relacionadas con los pañales y el baño

Otro método simple pero entretenido es pensar con ellos en libros sobre el tema. Actualmente hay muchos libros sobre el tema de los pañales de los niños, el baño o el entrenamiento en el uso del baño. Tales historias despiertan su interés y están arraigadas en su mente, por lo que querrán parecerse a los protagonistas e ir al baño por sí mismos. Además, si encontramos un libro que tiene sonidos, que es pop-up, o con el que el niño puede interactuar (tirando de la cadena, cogiendo el rollo de papel), iremos mucho más lejos en el proceso.

- No los presiones.

Una de las cosas más importantes cuando se trata de ayudar a los niños a controlar sus movimientos intestinales es no regañarlos (y mucho menos gritarles) cuando orinan sobre ellos. Si el niño ve que los padres o el profesor están enojados, se asustará y tendrá miedo, lo que puede retrasar aún más el proceso de control.

Es necesario transmitir tranquilidad y confianza, explicándoles que, si lo han hecho otras veces, también será posible la siguiente. Así como no es bueno regañarlos, tampoco es bueno recompensarlos. Ir al baño solo es una necesidad básica que debe aprenderse sin motivación extra.

CAPÍTULO DIEZ:

Preguntas frecuente sobre el entrenamiento del uso de los orinales para niños y niñas

Algunos padres están muy abrumados por la idea de iniciar a usar el baño y tienen varias preocupaciones sobre cómo y cuándo empezar a entrenar. Un poco de conocimiento les dará el coraje para empezar una educación en el uso del orinal con confianza para sus hijos. Estas son algunas de las preguntas que se hacen con más frecuencia.

P. ¿Cuándo continúo con los ejercicios para el uso de los orinales?

La pregunta de cuándo empezar a entrenar para ir al baño no está respondida correcta o incorrectamente. A su propia velocidad, cada niño se desarrolla. En general, entre los 18 y 24 meses de edad, los niños son entrenados para ir al baño. Muchos padres quieren empezar antes. Muchos padres, por otro lado, retrasan la preparación hasta que sus hijos tienen tres años o más.

Alrededor de los 12 meses, el intestino y la vejiga deben comenzar a madurar y están completamente maduros a la edad de 18 meses, lo que permite al niño permanecer seco durante un tiempo más largo del día (2-3 horas).

P. ¿Cuánto tiempo dura el ciclo?

De nuevo, no hay una respuesta final a esta pregunta, y dependerá de sus hijos. Aunque puede ser menos, puede tomar 3 o 4 semanas para prepararse. Pero podría tomar hasta un año para mantenerse seco durante la noche.

P. ¿Utilizaré pull-ups cuando me vaya?

No, es la respuesta fácil. Esto puede parecer una forma ideal de evitar accidentes porque los pull-ups son idénticos a los pañales, pero son ropa para tu hijo. Los pull-ups son absorbentes, y su hijo no siente el mismo sudor. Para su hijo o hija, esto puede ser abrumador. Por lo tanto, cualquier ganancia ya realizada puede ser contraproducente. Puede programar el entrenamiento para ir al baño rápidamente, y pasará una semana en casa. Después de este tiempo, como de costumbre, debería poder ir contigo al baño.

P. ¿Cómo puedo prepararme para el entrenamiento en el uso del orinal?

Planificar el entrenamiento en el uso del orinal es una buena idea. En otras palabras, puedes comprar cualquier equipo necesario por adelantado. Esto permite que su hijo se acostumbre al asiento de orinal, al restrictor del asiento del inodoro o a otros instrumentos. Cuando su hijo sea consciente de estas cosas, será menos probable que las use.

P. ¿Debo hablar de ello con mi hijo?

Claro, por supuesto. Le hará saber a su hijo que va a usar ropa interior de adulto todo el día. Puede que incluso quiera que su hijo o hija compre ropa nueva para fomentar su pasión por el entrenamiento en el baño.

P. ¿Por qué le preguntaría a mi hijo regularmente si debe usar el orinal?

Puede ser útil preguntarle a su hijo cada media hora cuando empiece a entrenar si tiene que usar el orinal. Puede que sólo le lleve unos pocos días o tal vez una semana. Esto reduce el riesgo y le enseña a su hijo que debe usar el orinal.

P. ¿Es más difícil el entrenamiento para las niñas que para los niños?

En general, es muy similar para ambos. También hay conceptos erróneos, por ejemplo, que los niñas tienen menos impulso y son más difíciles de entrenar. Si bien es cierto que estadísticamente los niños van al baño un poco más de tiempo, es un error pensar que las niñas son más difíciles de entrenar.

El entrenamiento en el baño tiene muchas ventajas

En los últimos 50 años, la mayoría de los padres y médicos han dejado de entrenar a los niños para ir al baño. Lo que antes se hacía, y se sigue haciendo en gran parte del mundo, a la edad de 12 a 24 meses, ahora a menudo ni siquiera se empieza hasta después de los dos años. Los pañales desechables, junto con la idea de que el niño debe estar "listo" para eliminar en un lugar higiénico como el orinal, contribuyeron a este cambio. Sin embargo, algunos padres se enteran de las muchas ventajas de enseñar a ir al baño antes de los dos años y recurren a una práctica que antes se consideraba normal.

El vínculo entre padres e hijos

Incluyendo la lactancia materna y el aprendizaje cuando su hijo está agotado o tiene hambre, el aprendizaje de los signos de eliminación de su hijo ayuda a reforzar la conexión entre padres e hijos. Muchos padres piensan que es una de las mejores ventajas.

Ahorra dinero y cuida el medio ambiente

Tanto los pañales desechables como la tela impactan en el clima. Ambos son también costosos de comprar y usar. El entrenamiento para ir al baño de un niño le ahorra dinero y reduce el impacto que su hijo tiene en el medio ambiente.

Beneficios para la salud

La ventaja más obvia para la salud de un entrenamiento temprano para ir al baño es que su hijo debe sufrir menos consumos de pañal. Varios informes también indican que el entrenamiento tardío en el uso del baño pone al niño en riesgo de posibles problemas de vejiga, como infecciones del tracto urinario y aumento de accidentes y de mojar la cama. Cuando su hijo aprende a ir al baño en la guardería, es menos probable que transmita y contraiga los virus que transmiten las heces.

Es más fácil

Muchos padres que optan por entrenar en el uso del orinal antes informan de menos problemas de entrenamiento en el uso del orinal que los que esperan hasta los dos años. Varios factores pueden contribuir. Los bebés y los niños de un año, por ejemplo, aún no están en la etapa difícil. Simplemente no luchan contra el entrenamiento en el uso del baño porque es una parte regular del día, y no saben si en absoluto, depender de los pañales por mucho tiempo. Puede ser difícil para un niño de tres años volver a entrenar su vejiga e intestinos después de tanto tiempo usando el orinal.

Entonces, ¿cómo haces para que vayan al baño temprano?

Si le interesa la idea, es posible que no sepa cómo entrenar a su bebé o a un bebé pequeño. Esto se debe a que la mayoría de los libros se centran en niños mayores, y los consejos para bebés no son relevantes. Para tratar con un niño o un joven, es conveniente utilizar el contacto de extracción para observar a su hijo en busca de señales de un inminente orinazo o caca y sujetarlo o ponerlo en el inodoro. Eso es todo lo que hay que hacer. Ponga a su hijo en un orinal y hágalo parte de la rutina diaria, y pronto tendrá un niño sin pañales.

Puntos importantes para el éxito del entrenamiento del uso de los orinales

1. Entrenamiento previo al baño

Antes de empezar a enseñar a su hijo a ir al baño, lo mejor es aprender las cosas que pueden hacer que el entrenamiento en el baño sea exitoso. Puede llamarlo entrenamiento previo al uso del baño, lo que significa encontrar y comprender los indicadores de si su hijo está listo o no para el entrenamiento. Estos indicadores son

- Retención de la orina durante largos períodos de tiempo
- La voluntad de seguir 1-2 direcciones
- Cuando la micción o las evacuaciones intestinales comienzan

Al ver estas señales, significa que deberías empezar a entrenar ahora. En este momento - o mejor antes - necesitas establecer un programa de entrenamiento. Aunque existen diferentes opiniones sobre cómo entrenar a su niño en el uso del orinal, es importante elegir el método más eficaz para usted, su hijo y la familia.

2. Comience un entrenamiento nocturno de orinales cuando su hijo esté listo

Después de terminar su día de entrenamiento en el baño, puede tratar de introducirlo al entrenamiento nocturno. Esto puede ocurrir rápidamente para algunas personas, y lentamente para otras. No los presione, ya que el entrenamiento en el baño no debe ser estresante. Dejar que se mantenga seco por la noche podría ser un esfuerzo más difícil para los padres. Como primer paso, dígale a su hijo que durante el sueño nocturno puede usar un pañal, pero llévelo primero al baño. Dígale que no beba demasiado antes de dormir. Poner el orinal en su dormitorio también es una muy buena idea cuando se despierte en medio de la noche.

3. Hacer que el entrenamiento del uso de los orinales sea divertido

El entrenamiento es fácil si puedes tomarte un tiempo para ser imaginativo. A los niños les encantan las cosas divertidas e interesantes. Un consejo para crear un divertido entrenamiento del uso de los orinales es usar una Muñeca de entrenamiento. Es un muñeco que bebe y se moja, que puede ser usado por demostración para hacer el entrenamiento del uso del baño divertido y fácil.

CONCLUSIÓN

Una vez que los niños hayan comprendido el proceso general de llegar al baño a tiempo y orinar y hacer caca en el dispositivo de baño, seguirán necesitando ayuda para completar otras tareas vitales del baño. Deben aprender a limpiarse. Mientras que los adultos no lo piensan dos veces sobre el proceso de limpieza, los niños pequeños consideran el trabajo como algo importante porque sus habilidades motoras finas aún no están completamente formadas.

Los padres deben explicar primero verbalmente a los niños cómo limpiarse y por qué es importante (por ejemplo, para evitar los malos olores, el picor y la infección y para mantener la ropa interior nueva limpia y bonita). Es especialmente importante enseñar a las niñas pequeñas cómo evitar que las heces se acerquen a la vagina para evitar infecciones o irritaciones. A las niñas pequeñas se les debe decir que limpien de un lado a otro cuando se tiran pedos, no al revés.

Los niños deben practicar a limpiarse cada vez que defecan. Sin embargo, mamá o papá siempre deben pedir la "última toallita", para asegurarse de que las nalgas pequeñas de los niños estén limpias. Las familias también pueden invertir en toallitas húmedas desechables hechas especialmente para los que van al baño, ya que la humedad añadida en estas toallitas hace que la limpieza sea más fácil. Cuando los niños pequeños son más móviles, los cuidadores deben aconsejarles que utilicen la longitud adecuada de papel higiénico (ni demasiado largo ni demasiado corto) para que, por un lado, no desperdicien el papel ni obstruyan el inodoro con exceso, o se ensucien innecesariamente los dedos.

Además de la autolimpieza, los niños pequeños pueden necesitar ayuda con otras actividades esenciales relacionadas con el uso del baño. Si los niños utilizan un asiento de orinal autónomo, necesitarán que un adulto vacíe y desinfecte el orinal cada vez que lo utilicen. Es una buena práctica que los niños ayuden a tirar los residuos en el inodoro para adultos, aunque no lo utilicen todavía. Los padres también deben supervisar y controlar el lavado de manos de los niños. Los padres deben estar atentos para asegurarse de que los niños se lavan adecuadamente la suciedad y los gérmenes, en particular en las zonas bajo las uñas y entre los dedos que los niños suelen descuidar.

El proceso de enseñar a un niño a controlar sus intestinos y su vejiga, y a usar el baño, se llama encapsulamiento. Para la mayoría de los padres, esta es una tarea desalentadora y temida debido a su complejidad y nivel de estrés. Añada esto a la mezcla de conocimiento de problemas contradictorios y tenga una guía de fusión para padres. La buena noticia es que no tiene por qué ser una tarea en absoluto, y con unas pocas pautas simples, los padres pueden obtener un entrenamiento en orinales relativamente rápido y fácil.

El objetivo del entrenamiento es que el niño use el inodoro o el orinal solo. Sin embargo, los niños aprenden a ritmos diferentes, por lo que el tiempo que se tarda en entrenar a un niño variará de un caso a otro. Un niño pasa por varias etapas antes de ser completamente educado. El desarrollo mental, así como el físico, también desempeñará un papel importante en la rapidez con que el niño aprenda a usar el baño.

Relajen sus primeros esfuerzos. Esto puede ser un proceso largo, así que mantén tus expectativas razonables. Busca señales de que tu hijo está a punto de empezar a usar el baño. Cuestiones como la curiosidad por ir al baño y la sequedad a largo plazo son fuertes indicadores.

Se puede comprar equipo para ayudar, como sillas o asientos de orinal, aunque muchos padres entrenan con mucho éxito sin ellos. Deje que su hijo escoja su propia ropa interior nueva y haga que se sienta interesado. Asegúrese de haber desarrollado un sistema de recompensas para su hijo que le ayude a reforzar sus éxitos.

No olvide informar a otros padres de que su hijo ha comenzado a usar el orinal para asegurarse de que saben qué técnicas utiliza, qué términos identifica su hijo con el uso del orinal y qué incentivos recibirá. Las prácticas de entrenamiento de orinal deben ser consistentes.

El enfoque del entrenamiento en el uso de los orinales consiste en reconocer la velocidad de aprendizaje y cambiar las normas en consecuencia. Al igual que aprender a caminar y hablar, tu hijo puede aprender a usar el baño a su propio ritmo.

En última instancia, sólo necesitas una cosa para practicar: un baño. Hoy en día, sin embargo, muchos pediatras y padres recomiendan evitar el inodoro "amenazante" y comenzar el proceso con un orinal que pertenece sólo a tu pequeño querido. Algunos padres han observado que el orinal era más probable que se usara cuando el niño podía elegirlo por sí mismo.

Los orinales convencionales ofrecen varias ventajas para el niño. Son diminutos, como los propios pequeños. El niño puede sentarse en él sin esfuerzo y sin ayuda y no tiene que lavar nada (las ventajas para el niño a menudo suponen más trabajo para la madre). La altura correcta del asiento permite al niño apoyar los pies firmemente en el suelo. Esto es muy importante cuando se presiona durante las evacuaciones intestinales. Lo ideal es elegir un orinal con una base firme, es decir, con una huella ancha, para que no se vuelque cuando el niño se incline hacia un lado para asomarse al orinal.

CPSIA information can be obtained
at www.ICGtesting.com
Printed in the USA
LVHW021024180121
676773LV00003B/223